榜样 | **影响时代的力量**

每一个时代
值得我们追随的
条坚实的路径；
的航标。

王志艳⊙编著

告诉你一个
安徒生 的故事

天津出版传媒集团

天津人民出版社

图书在版编目（CIP）数据

告诉你一个安徒生的故事 / 王志艳编著 . -- 天津：
天津人民出版社，2013.1（2018.10 重印）
（巅峰阅读文库 . 榜样：影响时代的力量）
ISBN 978-7-201-07844-1

Ⅰ . ①告… Ⅱ . ①王… Ⅲ . ①安徒生，
H.C.（1805 ～ 1875）—生平事迹—通俗读物 Ⅳ .
① K835.345.6-49

中国版本图书馆 CIP 数据核字 (2012) 第 303245 号

告诉你一个安徒生的故事
GAOSU NI YIGE ANTUSHENG DE GUSHI

出　　版	天津人民出版社
出 版 人	黄　沛
地　　址	天津市和平区西康路 35 号康岳大厦
邮政编码	300051
邮购电话	（022）23332469
网　　址	http://www.tjrmcbs.com
电子信箱	tjrmcbs@126.com

责任编辑	李　荣
装帧设计	映象视觉

制版印刷	永清县晔盛亚胶印有限公司
经　　销	新华书店
开　　本	690×960 毫米　1/16
印　　张	10
字　　数	100 千字
版次印次	2013 年 1 月第 1 版　2018 年 10 月第 3 次印刷
定　　价	29.80 元

前 言

历史发展的每一个阶段，都有值得我们追随、激励我们奋进的榜样。他们或以其深邃的思想推动了世界文明的进步，或以其叱咤风云的政治生涯影响了历史的进程，或以其在自然科学领域中的巨大成就造福于人类……

因为有了他们，历史的车轮才会不断前行；因为有了他们，历史的内容才会愈加精彩。他们已经成为历史长河的坐标，引领着我们走向更加深邃的精神世界和更加精彩的物质世界。今天，当我们站在一个新的纪元回眸过去的时候，我们不能不提起他们的名字，因为是他们改变了世界，改变了人类社会的发展格局。了解他们的生平、经历、思想、智慧以及他们的人格魅力，也必然会对我们的人生产生重大的影响。

为了能够了解并记住这些为人类历史发展作出过巨大贡献的人物，经过长时间的遴选，我们精选出60位最具时代性、最具影响力、最具代表性的人物，编写成这套《榜样：影响时代的力量》丛书，期望通过这套青少年乐于、易于接受的传记体裁的丛书，对青少年读者的成长产生潜移默化的影响，使他们能够从中汲取有益的精神元素，立志成才，为祖国、为人类作出自己的贡献。

本套丛书写作角度新颖，它不是简单地堆砌有关名人的材料，而是精选了他们人生中富有代表性的事件和故事，以点带面，从而折射出他们充满传奇的人生经历和各具特点的鲜明个性。通过阅读本套丛书，我们不仅要了解他们的生活经历，更要了解他们的奋斗历程，以及学习他们在面对困难、失败和挫折时所表现出来的杰出品质。

　　此外，书中还穿插了许多与这些著名人物相关的小知识、小故事等。这些内容语言简洁，可读性强，既能开阔青少年的阅读视野，又可作为青少年读者学习中的课外积累和写作素材。

　　我们相信，这是一套能令青少年读者喜爱的传记丛书。通过阅读本套丛书，我们也能够真切地了解到这些伟大人物对一个、乃至几个时代所产生的重大影响。

　　现在，就让我们一起翻开这些杰出人士的人生故事，走进他们生活的时代，洞悉他们的内心世界，与这些先贤们"促膝谈心"，让他们帮助我们洞察人生，鼓舞我们磨炼心志，激励我们永远奋进，走向成功！

导 言

汉斯·克里斯蒂安·安徒生（1805—1875年），19世纪丹麦著名童话作家，世界文学童话创始人。他一生坚持不懈地从事创作，将他的天才和生命献给了"未来的一代"。在近40年间，安徒生共创作了168篇童话故事。他的作品以一种诗意而又幽默的笔调，改变了民间故事的面貌，开启了世界原创童话的先河。

安徒生是一个穷苦鞋匠的儿子，早年曾在慈善学校读书，还当过学徒工。受父亲和民间口头文学的影响，他自幼热爱艺术和文学，并有着在当时被认为与他的出身不相称的、"异想天开"的"志愿"——当一个诗人，一个芭蕾舞演员，一个歌唱家，一个在舞台上表演人生、创造"美"的艺术家……

11岁时，父亲病逝，母亲改嫁。为了追求艺术，安徒生只身前往哥本哈根，结果却弄得穷困潦倒，受尽了生活的煎熬。但是，坚强执著的安徒生没有被打倒，心里一直燃烧着希望的火焰，经过艰难的奋斗，最终成长为一个诗人、一个童话作家、一个了不起的人物。

如今，安徒生的名字已经传遍了整个世界。更为可贵的是，安徒生的作品无不闪耀着人性的光辉，超越了国家、种族与文化的界限，因而历久弥新，被全世界各国的读者们反复传诵。安徒生所留下的，不仅仅是一部部生动有趣的童话，更是他的理想以及他对理想的执著追求。

本书从安徒生的儿时生活开始写起，一直写到他所创造出的伟大作品及所取得的辉煌成就，再现了安徒生具有传奇色彩的一生，旨在让广大青少年朋友了解这位伟大童话作家不平凡的人生历程，并体会他执著不懈追求理想的精神。

告诉你一个安徒生的故事/目录

contents

Hans Christian Andersen

Contents
目　录

1805—1875

第一章　穷鞋匠的儿子

有了一些小成绩就不求上进，这完全不符合我的性格。攀登上一个阶梯，这固然很好，只要还有力气，那就意味着必须再继续前进一步。

——安徒生

（一）

在人们的印象中，丹麦是一个令人向往的地方，因为这是世界著名童话大师安徒生的出生地。今天的人们，在去丹麦时总要到欧登塞市去看看，因为欧登塞正是安徒生的故乡。走近欧登塞，就等于走近童话，走近安徒生，走近那已经变得有些遥远的时光。

欧登塞城市不大，坐落在一个小岛上，是丹麦东西交通的中心点。据说，欧登塞的名字是从一个北欧神话中最活跃的女神——奥迪恩的名字演化来的。安徒生就是在这个文化传统深远、充满艺术气息的欧登塞小镇长大的。如今，安徒生故居博物馆就坐落在小街的拐角处，两边低矮的小房子都被漆成了明亮的颜色，墙壁呈黄色，屋顶红色，置身其中，便会产生一种置身于童话世界的奇妙感受。

19世纪的欧登塞小镇，景色秀丽迷人，一条清凉的小河从城中穿过，然后又从左右两翼绕回来，将这个小城环抱其中。不过，这里的房子大多又矮又尖，脏乱的后街和阴暗的小巷里住满了鞋匠、裁缝、泥瓦匠、洗衣妇及流浪汉。当然，偶尔也有几个精雕细刻、花样繁复的贵族府邸，高耸的台阶托举着这些富丽典雅的建筑，仿佛鹤立鸡群一般。

在市郊的小河上，有一座水磨坊，人们都沿河居住，因而这个地方也被称为磨坊街。在街道上的一栋房子中，同时住了六户人家，其中有一间十分简陋的小屋里住着一对年轻的夫妇。丈夫名叫汉斯·安徒生，是个鞋匠；妻子名叫安娜·玛利亚，年龄比丈夫大11岁，是个离过婚的洗衣妇。

汉斯和妻子的日子虽然过得清苦，但夫妇二人却相亲相爱。尤其是他们的儿子小安徒生的出生，更是给他们平淡的生活带来了希望与欢乐。

1805年4月2日这一天，天气明媚，阳光和煦。一声嘹亮的啼哭从鞋匠汉斯低矮的房子中传来。这一年，汉斯·安徒生才22岁，他给儿子取名为汉斯·克里斯蒂安·安徒生。

像许多欧登塞贫困家庭出生的孩子一样，安徒生的出生也没有引起人们的关注。而且，这一天恰好又是丹麦的一次著名海战的纪念日，人们都身着盛装，在街头欢快地载歌载舞，庆祝胜利，因此，小安徒生的哭声虽然十分洪亮，但很快就淹没在涌动的人潮之中了。

小安徒生出生时很特别，哭声特别嘹亮，而且不停地哭。父亲很着急，却又无可奈何，忽然急中生智，拿来丹麦大文学家霍尔伯格的诗集，对小安徒生说："你为什么要哭个不停呢？不想睡觉吗？那么好吧，我给你读诗，你可要安静地听哦！"

说完，汉斯就对着不断啼哭的小安徒生大声地朗诵起来。结果自然可想而知，刚刚出生的小婴儿怎么能听得懂诗呢？因此，小安徒生继续咧着大嘴嚎哭着，好像要与父亲比赛一样。

汉斯无可奈何地摇摇头，充满怜爱地说："哭吧哭吧，小家伙，我就叫你'好哭的汉斯'吧。"

从此，小安徒生就因为好哭而出名了，以致汉斯夫妇十分担心小家伙在教堂接受洗礼时也会哭个不停。

几天之后，就是小安徒生到教堂接受洗礼的日子了。开始时，"好哭的汉斯"对周围的一切都很好奇，东看看，西望望，一点也没有哭的意思。妈妈暗自庆幸。

然而，等到牧师拿着《圣经》走过来时，"好哭的汉斯"突然"哇"的一声大哭起来，而且一声比一声大。牧师几乎没办法工作了，就没好气地说："这个小家伙怎么像只猫一样尖叫！"

妈妈听了牧师的话，很不高兴。牧师见状，忙安慰说："没有关系，你不要担心。我听说小时候哭声越大，长大后歌声就越嘹亮。"

为了让小安徒生的妈妈相信，牧师忙又补充一句说："我小的时候也是这样。"

或许天才天生就是喜欢诉说的，小小的安徒生尽管还不会说话，但却迫不及待地想用自己特有的语言对世界诉说些什么吧？谁知道呢。

（二）

在小安徒生出生的这一年，欧登塞城中共住了5000多人，其中包括各个阶层的人，如贵族、公务员、军官、商人、手艺人、洗衣妇等等。不过，大多数居民都是下层的贫民。

安徒生的父母住在一幢远离街道的肮脏的二层楼房里，一家人也只占有一间房间，在这里吃饭、睡觉、休息，也在这里接待附近仅有的几个熟人。

小安徒生的父亲汉斯·安徒生虽然是个手艺不错的鞋匠，但他却不是一个安于现状的人。在童年时代，他就喜欢读书，而且特别想上城里的一所拉丁文学校。但因为贫穷，他根本上不起。他的父亲也是一个鞋匠，一贫如洗。更加不幸的是，在他9岁那年，父亲犯了疯病，从此再也无法承担家庭的重任了。妈妈无奈之下，只好将汉斯送到另外一个鞋匠那里学习手艺，同时也是希望他能用父亲已有的工具谋求一份职业，养家糊口。

所以，虽然汉斯十分希望能进入拉丁文学校读书，但他显然不能够求父母送他去，因为那个学校是中等以上家庭的子弟才能进去的。

但是，在汉斯·安徒生的心里，他一直都很渴望读书，对未来也充满了美好的幻想。在不得不从事鞋匠工作时，他的内心充满了沮丧。不过，汉斯也只能将命运交给父亲留给他的那张做鞋的台子，从此怀揣梦想日复一日地缝补那些破烂不堪的鞋子。

小安徒生出生以后，汉斯就在狭窄的房间中又加上了一张婴儿床，这也让小屋子更加拥挤了。不过，即使是破旧的陋室和蜗居，也同样能拥有一抹亮丽的风景。汉斯夫妇尽量将房子收拾得干净整齐，还在墙壁上贴上一些鲜艳而有趣的图画。

不仅如此，在拥挤的空间里，汉斯夫妇居然还设立了一个简陋的书柜——其实也就是在汉斯的工作台上方靠近窗子的地方——这个柜子中装满了各种书籍。在柜子的顶上，还放着一些可能是来自于田野或旧货市场甚至是垃圾箱中的工艺品作为点缀。

在房间内所有的用具当中，最引人注目的是一扇屏风。这扇屏风上画着各种美丽而繁杂的花纹和图案，仔细看来，好像是从许多画报上剪下来粘贴在一起的。人物、花鸟、青山、绿水都被巧妙地拼凑起来，为小安徒生营造了一个温暖而特别的成长环境。

可以说，小安徒生的父母虽然没什么文化，但却很懂得从小对孩子进行启蒙美育的教育。在以后稍大一点的安徒生看来，这间屋子简直就是一个相当有趣的画廊和书屋。安徒生酷爱文艺的幼小心灵，第一次在这里得到了滋养。这个狭窄而并不贫瘠的空间，也孕育了安徒生日后天马行空的艺术想象力。

在这个拥挤而不乏温馨的小蜗居里，安徒生度过了他的童年。每当有空时，汉斯都会为儿子制作望远镜、玩具、木偶和可以交换的图画等。也只有与儿子在一起时，汉斯才能暂时忘记生活的烦恼，释放出发自内心的快乐。他尽可能地满足儿子的愿望，为儿子讲各种各样的故事，尤其喜欢讲他收藏的霍尔伯格的剧本和《阿拉伯故事集》等书。

每逢星期天，只要天气允许，汉斯就会带着儿子到欧登塞郊外风景秀丽的田野和树林中去玩耍。在那里，他会把各种树木花草的名称告诉给小安徒生。而更多的时间，他都是坐在一旁沉默不语，冥思苦想，让儿子自由自在地四处玩耍。小安徒生一会儿将杨梅串在一根根苇草上，一会儿又用采集的野花编织成一个个花环。这时，儿子的兴高采烈也会感染到汉斯，他也会站起来和儿子一起奔跑玩耍。

从安徒生家的小房间可以走到屋顶上去。在屋顶与邻居房子之间的檐槽上，放着一个盛满泥土的大匣子，这里种满了香葱、西芹和豌豆等植物，安徒生的母亲将这里亲切地称为"我的小菜园子"。

长大后的安徒生，对这个生机勃勃、充满希望的"小花园"始终都念念不忘。童年的一切也伴随着他一生，给了他取之不竭的艺术想象。在安徒生笔下，这个"比花盆略大一点的花园"简直充满了无限的诗情画意。后来他在《白雪皇后》这篇童话中，就曾满怀深情地写道：

"在一个大城市里，房子和居民是那么多，空间是那么少，人们连一个小花园都没有。结果大多数的人只好满足于花盆里种的几朵花了，于是他们有一个比花盆略为大一点的花园。"

"匣子的两端几乎抵着两边的窗子，好像两道开满了花的堤岸。豌豆藤悬在匣子上，玫瑰伸出长长的枝子。"

（三）

玛利亚对小安徒生也十分疼爱，她总是省吃俭用，为安徒生做新衣服穿，买他喜欢的食物吃，让安徒生几乎过着少爷一般的生活。

有一天，玛利亚将小安徒生放在膝盖上，深有感触地说："孩子，你现在可真幸福呀，过着与有钱人家少爷一样的生活，妈妈小时候的生活才叫苦呢！因为我的爸爸妈妈把我赶到大街上去讨饭要钱，要不到饭和钱，我就要挨骂挨打。有很多次，我都一个人蹲在桥底下哭泣，两手空空地不敢回家。可是伸手向人乞讨多丢人呀！何况，也没有人愿意施舍呀……"

妈妈流着眼泪诉说自己的遭遇，小安徒生听了，也难过地哭起来。

这件惨痛的往事，安徒生一直都没有忘记过。当他成为童话作家以后，就将母亲的这段往事写在《即兴诗人》中一个名叫涂莫尼格的老太太身上。另外，在《一个弹奏小提琴的人》一书中，他也隐约地映射出自己母亲的身世。

安徒生的母亲是个很迷信的人，喜欢占卜，因此安徒生也受到了一定的影响。母亲每次在占卜时那种虔诚的态度，也让安徒生成为一个非常相信占卜的人。

有一年的秋天，安徒生与母亲和邻居们一起到麦田中去捡拾麦穗，没想到被一个凶狠的管理员给逮住了。

那个管理员恶狠狠地挥舞中手中的皮鞭，拼命地追了过来。大家一看到管理员，都吓得拼命逃跑。可是，小安徒生却被麦秆绊倒了，就连脚上的鞋子都跑丢了。

安徒生急得都要哭了，他来不及去捡丢落的鞋子，光着脚拼命地逃，脚也被麦秆扎得痛极了！

正当安徒生摇摇晃晃要倒下去的时候，那个管理员追了上来，一把就抓住了他，然后举起皮鞭就要抽他——

安徒生吓得脸色都青了。

但是，他马上就镇定下来，抬起头望着这个管理员的凶脸，不紧不慢地喊道：

"老爹，你要打就打吧。你的凶暴，上帝会看得到！"

这是一个虔诚地信仰上帝的孩子纯洁而坦白的表现，凶狠的管理员一听，态度立刻就软了下来：

"你真是个聪明的小家伙！我不打你了！不仅如此，我还要把这几个钱给你，田里那些掉落的麦穗你也尽管捡回去好了。"

安徒生高兴地把管理员给他的钱装进口袋，然后又跑去继续捡了好多麦穗回去。

母亲也为安徒生的机智和聪明而感到高兴，经常对邻居们说：

"汉斯真是太聪明了。不管是谁，只要见到他，都会喜欢他的。就连那个凶狠的坏蛋，都拿钱给他哩！"

不过，母亲也有发脾气的时候。那是在安徒生4岁的时候。

1808年，丹麦盟国西班牙的军队正驻扎在菲英岛上，因此欧登塞街道就成了他们玩乐的地方。

这些士兵也是安徒生第一次见到的外国人。有一次，安徒生正在街边玩耍，忽然一个西班牙兵走过来，伸手就把他抱了起来："小家伙，你真可爱！"

说着，他便在安徒生的额头上亲了一下，还把安徒生放在胸前，摁着他的头，让他的小嘴唇去亲吻他胸前的银像。

安徒生十分害怕，吓得一动都不敢动，想从那个士兵的怀中挣脱出来。

这一幕恰好被安徒生的母亲玛利亚看到了。安徒生跑回来后，她大发雷霆："那是天主教徒才干的事呀！"

原来，丹麦自从14世纪进行宗教改革后，就开始信奉新教。而新教与天主教的信仰是有冲突的，所以母亲对此很不高兴。

不过安徒生却不觉得这是一件大事，甚至后来一直都很怀念这个让他亲吻银像，而且还流下眼泪的外国兵：

"这个士兵说不定也有一个与我一般大的孩子留在他的故乡吧？"

后来有一天，安徒生又看到了那个士兵，而这次他居然被伙伴押送着上了刑场，原因是他杀死了一个法国人。

看着被押走的士兵的背影，安徒生觉得简直像自己被押到刑场上一样难过。

这件事后来也给安徒生带来了灵感，他写出了一篇以《兵士》为题的诗。这首诗还被译成德文，并刊载在军歌集当中。在安徒生的诗中，这是很有名的一篇。

→ 　　安徒生到环欧旅行时，遇见了维克多·雨果这位伟大的法国作家。安徒生向雨果要亲笔签名，而雨果对这位丹麦青年心存怀疑，担心其日后可能在签名上方写一个债务承担书，或者将签名用作其他不适当的场所，于是就将维克多·雨果几个字签在一张纸上方的角落里。

第二章　富于幻想的少年

　　一个人在年轻的时候，可以而且应该投到生活中去，与生活融成一片。

——安徒生

（一）

　　安徒生长大后，逐渐明白了父母少年时代的生活，尤其更清楚父亲为什么会收藏那么多的故事和诗集，以及为什么会在读到这些书时那么高兴。

　　有一天，一个拉丁文学校的学生到汉斯的鞋店里要他订制一双皮鞋：

　　"老板，我要订制一双皮鞋，你要为我做一双最好的，因为我要在举行升级典礼那一天穿。"

　　汉斯听了，非常高兴地回答说：

　　"没有问题。现在请你坐下来，我来量量你的脚。"

　　等他量好尺寸后，这个学生又开口了：

　　"老板，这个德意志诗人歌德的作品，真是了不起呀！"

　　说着，他翻阅着手中的教科书。接着，他们又谈论起了英国大文豪莎士比亚。这时，汉斯的眼睛充满了光彩，他已经深深地被那本教科书所吸引住了。

　　安徒生在一旁看得很清楚，他很为父亲难过。

不过，父亲还是会经常带着安徒生到森林中散步。每当山毛榉树长出碧绿的树叶时，家中就像过节一样，母亲也显得比平时快乐。她会穿上那件总是放在箱子中舍不得穿的咖啡色花布衣服，和汉斯一起带着安徒生出去玩。

当鹳鸟飞回来的时候，庭院里的醋栗树丛上已经长满了细小的叶子。这个时候，树林里也早已长满了黄色的九轮草，还有雪白的"白头翁"。

在鸟类当中，安徒生最喜欢鹳鸟。他甚至后来发现，自己身子瘦削，背微弯曲，两腿细长，不喜欢长久地待在一个地方，很像鹳鸟的行为。

小时候的安徒生常常想，鹳鸟每天都说些什么呢？他问父亲，父亲想了想说：

"可能会说埃及话吧，因为它们生活在炎热的国度，而且还要在金字塔的附近度过冬天，不会说埃及话哪能行呢？"

父亲又耸耸肩，补充说："当然，它们也应该会说丹麦话。你看，每当天气暖和时，它们就要飞回来，和我们在一起。"

鹳鸟每年都要来来回回飞过大海，在海上还不能停下来休息，真有本事啊！安徒生觉得，鹳鸟每年都要到那么远的地方去旅游，一定很长见识。

最近这个周末，安徒生跟随父亲一起到树林里玩耍。小家伙快乐地跑在前面，即使是迎面飞来的一只蝴蝶或一只小虫子，都会令他欣喜若狂。父亲跟在后面，慈祥地注视着儿子鲜活的身影。他忽然想起，不久前，也就是4月2日那天，儿子已经满6岁了。这个年龄，已经是该上学的年龄了。

这时，小安徒生也很懂事地走到父亲面前，然后像竹筒倒豆子似的向父亲提出了一连串的问题。

父亲根据自己的理解，尽量用孩子能理解的语言，尽可能详细、全面地回答儿子提出的各种问题。

"鹳鸟说的是埃及话，它是怎样学会的？"

"它们在没有冬天的国家里过冬时，离金字塔很近，在那里鹳鸟就学会了埃及话。"

"飞到埃及一定有很远的路吧？"

"非常远！鹳鸟需要不停地飞呀飞呀，整整飞过一个大海才能到达。"

……

安徒生想了想，说："它们多辛苦呀，就让那些可怜的鹳鸟来我们这里生活吧，在我们家的顶楼上过冬，我一定会把自己吃的东西分给它们一点。"

父亲微笑着，故事唤起了孩子心底最美好的感情——善良和同情。父亲望着儿子并不漂亮的脸蛋和一头淡黄色的乱发——那是被风吹乱的——然后说："等你长大后，学会说埃及话了，你就邀请那些鹳鸟来我们家住吧。"

小安徒生听了父亲的话，郑重地点点头。

（二）

在菲英岛边，每天大海的涛声和海鸥的欢叫声都会谱成一曲天然的音乐。不知为何，小安徒生总会在这乐声当中捕捉到若隐若现的父亲的钉鞋声、母亲的浣衣声和祖母的喂鸡声。这些声音让人心醉、叫人心碎，在安徒生幼小的心灵上刻下了千丝万缕的痕迹。

奶奶非常疼爱安徒生，每次来看安徒生时，都会带一些小礼物：糖猪、锡兵和陀螺等小玩意儿，有时也有旧布头或是五颜六色的纸，上面印着漂亮的图案。

小安徒生有个奇怪的行为，就是喜欢闭着眼睛走路，每次祖母看到他这样，都会大声喊着："喂，喂！好危险哪！走路的时候一定要睁着眼睛才行！"

尽管欧登塞是个连驿马车都很少的市镇，但闭着眼睛走路总还是很危险的。也不知从什么时候开始，安徒生有了闭着眼走路的习惯。当他闭着眼睛的时候，脑海中就会出现一个奇妙无比的世界。

不过，安徒生将这个情形说给祖母听，祖母是不会懂的。

"你这个孩子，总是迷迷糊糊的！难道你也像祖父那样，发疯了吗？要不就是眼睛出了毛病。"

祖母随后就把安徒生带到了她受雇的精神病院，请医生给安徒生检查一下眼睛，看看是不是有毛病。医生检查后，发现安徒生的眼睛不但没有毛病，反而比别人的都要好。

"你真是个奇怪的孩子。"老祖母无可奈何地对安徒生说。

祖母还经常带安徒生到她工作的精神病院去玩，在那里，安徒生看到许多奇特的事物，而且还可以自由自在地玩耍。他可以躺在大堆大堆的绿叶和豌豆秆上晒太阳，可以把鲜花做成花环戴在头上，还可以在那里吃饭。要知道，那里的饭菜比家里的好多了。

医院里有一个纺纱室，一些老太太在那里纺纱，她们都特别喜欢安徒生。只要安徒生一来，她们就问这问那。在这些老太太面前，安徒生发现自己很有口才，而且很有表演天赋，这也给了他很大的自信，对他后来的人生道路也产生了巨大的影响。

有一天，一个老太太又想逗安徒生玩，就问他："汉斯，你知道你的身体里都有些什么吗？能说给我们听听吗？"

安徒生想起平时听说来的人体构造，再联系自己的感受，就大胆地拿起粉笔，在门上画了许多像漩涡一样的图案，然后指着说："这是肠子。"

随后，他又画了两个圆圈，说："这是肺，是人用来呼吸的器官。"

老太太十分惊讶，觉得安徒生简直是聪明过人，因此也更加喜欢他。

作为回报，老太太还给安徒生唱丹麦民间的古老歌曲，给他讲祖辈流传下来的丹麦民间传说和各种丰富多彩的故事等。安徒生静静地坐在一旁，认真倾听着老太太们一个接一个地唱歌、讲故事。

这些民间歌曲和故事对安徒生也产生了很大的影响，让他原本就爱幻想的大脑更加丰富了。多年后，这些都成为他那些幻想丰富而又反映现实生活的童话创作的源泉。

在精神病院这个特别的地方，安徒生还经常怀着好奇和恐惧，悄悄地跟在精神病人的后面，看着他们奇异的表现，听着他们各种各样的疯话。

有一次，小安徒生听见有人唱歌，而且歌声美妙动听，他就循着歌声找到了一间小屋。从门缝中，安徒生向里面偷偷地看，看到一个女人几乎光着身子，躺在草席上唱歌。

这个女人披头散发的，样子特别可怕。她唱着唱着，忽然一下子就跳起来了，然后重重地摔倒在安徒生偷看的门口。

还没等安徒生缓过神来，那扇用来送饭的小窗户突然打开了，那个女人一下子从里面伸出了一只瘦骨嶙峋的手，一把就抓住了安徒生的衣服。

"哎呀！"

安徒生吓得大叫一声昏死过去，听到喊声急忙跑来的祖母也吓坏了。

当医院的监护人员跑来时，安徒生已经吓得半死了。

"当时的那一幕情景和我所受到的惊吓，尽管到了现在这个年纪，还是没有从我的心头抹掉！"

安徒生后来常常这样说。

（三）

1811年，安徒生6岁了，到了该上学的年纪。母亲玛利亚觉得安徒生的脾气太好，最好跟女孩子们一起上学，免得调皮的男孩子欺负他。于是，安徒生就被送到了一所非正规的私人女校去上学，学习字母和拼音。

这所学校是个严厉出名的寡妇开办的，她还负责教课。她的坏脾气也决定了她经常打学生，她的教鞭就是一根随身携带的大棒子。

女老师在上课时，习惯坐在一张靠近挂钟的高椅子上，然后拿着教鞭，让全班同学用最大的声音，跟她大声的拼读。好奇的安徒生发现，那个大钟摆每往返摆动一次，就会出现一些做机械动作的小动物，非常有趣。

有一次，安徒生在跟随老师念字母时走了神，突然想起了疯人院里那个把他吓得半死的疯女人，又想到眼前这个女教师像什么呢？对，像一条戴上睡帽的大鳕鱼。

想着想着，安徒生对自己的比喻十分满意。恍恍惚惚间，安徒生看到有个老巫婆拿着大棒子向他打来。骤然间，他疼得猛地跳了起来。他的样子一定很可笑，因为旁边的女孩子都偷笑起来。安徒生这才明白，自己走神挨打了。这可是有生以来第一次挨打！

安徒生十分难过，他紧闭着嘴唇，不让自己哭出来，然后冲出了教室。

回到家后，安徒生大哭了一顿，说什么都不肯再去学校了。母亲没办法，只好将安徒生又送到一所专门为男孩开办的学校去上学。在这所学校中，安徒生是年龄最小的一名学生。

这所学校的老师名叫卡尔斯登，是个有着一双充满快乐的棕色眼睛的年轻人。他很喜欢安徒生，经常拉着安徒生在校园中散步，然后津津有味地听着安徒生天真烂漫的谈话。

不久，班里来了一个女孩子，也是学校唯一的女生，名叫萨拉·哈曼。她很勤奋，数学学得很不错，老师经常让她做示范，同学们也很喜欢她。

不过，安徒生觉得她更像是童话中的公主。所以在萨拉面前，安徒生总是竭力表现，而且他也的确做得不错，他朗诵的诗歌简直可以与剧院里的诗朗诵相媲美。可萨拉却对这一切反应很冷淡。

有一天，安徒生与萨拉一路回家，萨拉告诉安徒生，她认为诗歌是毫无用处的东西。

"诗歌很美呀，它可以陶冶人的情操。"安徒生为自己辩解。

"你真傻！像我们这样的穷孩子，难道还有时间去思考诗歌是不是美吗？我认为，读书就是为了有用。"萨拉又举例说，"比如我数学学得好，将来有一天我就或许会成为一个富裕的农场女管事，然后过上有钱人的生活。"

"你怎么会这样想呢？"安徒生很惊讶。在他心中，即便萨拉不是公主，至少也应该是一位公爵小姐。

"像我这样的穷孩子，能有什么别的期望呢？"萨拉黯然地说。

这时的安徒生，忽然用一种大丈夫般的豪情，坚定地对萨拉许诺："你可以期望，等我长大了，我就驾着金光闪闪的马车，把你接到我的城堡中来！"

"汉斯，你疯了吧？你这样一个穷鞋匠的儿子，怎么会有城堡呢？"萨拉不无挖苦地说。

安徒生本以为自己这段真情的表白可以给漂亮的萨拉留下好印象，结果反而换来了萨拉一番轻蔑的嘲讽，这让安徒生很难过。

第二天，安徒生刚刚来到学校，就被很多同学围住。一个名叫奥利的男同学突然揪住安徒生的头发，大声地叫起来：

"大家快来看呀，他说他有漂亮的城堡，请问你的城堡在哪里？赶快带我们去看看呀！"

同学们都哈哈大笑起来。又气又怒的安徒生一面挣扎着，一面用眼睛怒视着萨拉，她正与同学们一起大笑呢。见安徒生瞪着她，她更加疯狂了："你们看呀，他是不是一个疯子？"

同学们一下子都活跃起来，大声喊着："疯子安徒生来啦！"还有的同学拿土块往安徒生的身上扔。

安徒生愤怒地来到座位上，离萨拉远远的。可一看到萨拉，安徒生马上又感到痛苦起来。

不久，萨拉就离开了这所学校，但安徒生却经常想起她。他甚至幻想自己在一次大火中救了萨拉，萨拉对他感激不尽，对自己以前嘲笑安徒生的行为真诚地道歉；两个人和好了，然后一起在一个美丽的花园中玩耍；安徒生也履行了自己的诺言，将萨拉接到自己的城堡中，两个人一起走到很遥远的地方……

沉浸在幻想中的安徒生很快就忘掉了以前的不快，并感到从未有过的快乐，这种感受也让安徒生更加乐于幻想。

正当安徒生忘掉烦恼，准备安下心学习时，他们可爱的卡尔斯登老师却因为经济困难，不得不停办学校，到一所邮电局去上班了。

安徒生又一次失学了，不得不回到家中。不过，这次失学对安徒生来说并不是一件很惬意的事。

安徒生很想到外面走走，可是大街上冰雪弥漫，没有暖和的衣服和鞋子，出去只能被冻死。在这样的日子里，安徒生就把一枚铜钱放在炉子里烧红，然后再把它贴在结冰的窗户上。冰融化后，窗户上就会出现一个透明的小孔。透过这个小圆孔，他看到晴朗的蔚蓝色的天空，看到白杨树那光秃秃的枝条上一群群的麻雀正在上面，难道，它们也在期待着春天的到来吗？

第三章　父亲病逝

我把家建在海上，那冰蓝色的液体，注定了我一生的漂泊。

——安徒生

（一）

幼年时期的安徒生，算得上是一个幸福的孩子，他们家的生活虽然艰苦，但父母对安徒生却照顾得无微不至，从不让他觉得缺少什么，比如身上穿的衣服，都相当讲究。如果不是因为脚上穿着一双木鞋，人们一定会认为这个金发少年是个富人家的少爷。

安徒生失学后，变得沉默寡言起来。父亲为了让他高兴，就为安徒生制作布偶玩具，还和安徒生一起为布偶做衣服。父亲还从书架中找出霍尔伯格的戏剧作品，与安徒生一起对照剧中的情节，用布偶作为演员，把自己的工作台当做舞台，一遍一遍地表演着剧情。

正是这些小小的布偶，给失落的安徒生带来了快乐，同时也让他萌发了对戏剧的热爱。在这样的游戏当中，安徒生还发现了自己对戏剧特殊的领悟才华——他可以在游戏中将整幕的台词都完整地背下来。在父亲忙碌或者心情不好时，他自己也能够排演出完整的戏剧。

安徒生当时还有个好朋友，恰好是专替剧场散发节目单的。每次，他都会送一张剧场的节目单给安徒生。

不论剧场中上演的是什么剧目，在安徒生面前展现出来的都是一个崭新的世界。

17

虽然安徒生很喜欢戏剧，但是整个冬季他也只能去看一次，因为没有更多的钱去看第二次、第三次。所以每次拿到节目单后，安徒生就开始仔细地"研究"，从节目单上的戏剧情节说明和演员所担任的角色名单中，将全剧的情景在脑海中想象出来。因此，安徒生虽然不能每场戏都去看，但在他的脑海中，却是每天都有好戏在上演呢！

安徒生经常将自己想象的戏剧情景说给父亲听：

"爸爸，今天的戏有一幕，是一个美丽的公主要她的王子骑马逃到城外。不过，配上秋天的布景我认为不如春天的好呀！"

父亲一边修补皮鞋，一边听着儿子为自己描述戏剧剧情。这可能就是最初安徒生在不知不觉之中所创作出来的艺术吧。

父亲经常惊异地称赞儿子：

"汉斯这孩子，我看将来一定能成为一个了不起的大人物！汉斯，你是不是已经能够自己读懂那些故事和诗了？真是太棒了！"

安徒生也一直怀着这样的美好理想。不过，母亲玛利亚的想法却与他们父子不一样。她希望安徒生能成为一名裁缝。她觉得，学一门裁缝手艺，走到哪里都会有饭吃，这简直是最好的职业了。而且，她认为儿子心灵手巧，编织、缝缀等手艺肯定是一学就会。所以母亲认为，安徒生当裁缝是最合适不过的了。

"等你长大了，就开一家裁缝店，好吗？"她用启发似的口吻跟安徒生说，"你看，史特格曼先生现在多有钱啊，而且他还有四个徒弟，他的裁缝店在最繁华的街上。你如果也学裁缝手艺，一定也会成功的。"

安徒生摇摇头。这样的安排，他是连听都不想听的。

（二）

1813年，安徒生8岁的这年，拿破仑发动了战争，支援法国的丹麦也被卷入战争当中。战争给丹麦人民的生活带来了灾难，人民生活日益困苦。

安徒生家也没有摆脱厄运，本来就很拮据的日子，因为战争而变得更加艰难了。父亲经常郁郁寡欢，一个钟头一个钟头地在屋子里踱着步，嘴巴里还在不断地自言自语，谁也不清楚他在说些什么。

家里几乎没有什么收入，因为没有什么活要做，好像人们的鞋子因为战争的爆发就再也不破了一样。

家中已经没有钱购买一家人必需的食物了，安徒生的父亲十分焦虑。这天，他又到面包师约格涅斯的店中赊欠面包，却遭到了婉言拒绝：

"汉斯先生，请您原谅，我不能再赊给您面包了，我的生意已经入不敷出了，店铺也要倒闭了。"

汉斯丝毫没有责怪面包师的意思，可是一想到这样两手空空地回家，怎么向家人交代呢？一家人总要吃饭的呀！

战争仍在继续，到处都张贴着丹麦为支援法国而招募新兵的规定，没有人敢违抗。恰好邻村有个有钱人家的儿子不愿意去服兵役，汉斯就狠着心去顶替了他。随后，他们给了汉斯30万崭新的票子。

听说父亲要去前线打仗，安徒生和母亲都十分难过。母亲把小安徒生搂到怀中，流着眼泪说："可怜的孩子，爸爸要扔下我们不管了，他要去打仗了……"

"孩子，爸爸不会有事的。"父亲摸着安徒生的头，安慰他说，"我厌倦了皮鞋匠的工作，而且生意现在也不好。我去当兵，不仅能拿到补助金，说不定还可以立功，成为将军呢！到那时，你要什么，就会有什么了。"

第二天，汉斯就告别了妻儿，顶替富家人的儿子去了前线。他是为了自己挚爱的家人而甘愿冒生命危险去的，但同时也是带着自己想要成为将军的梦想去的。不过，上帝连这样的美梦也没让他和家人做得太久。他用服兵役所换来的30万纸币，很快就因为货币贬值而变得一文不值，成为一堆废纸了。

家中的生活再一次陷入困境，玛利亚不得不将自己的房子租给别人住，自己带着安徒生住在顶楼，用房租来勉强维持生活。

父亲的离去让安徒生很难过，他曾这样记述父亲离家去前线那个早晨的情景：

"这天早晨所发生的情景，是我记得的第一件伤心事。"

但这件令安徒生难过的事情很快就有了转机。

原来，父亲参加的军团刚刚开到荷斯丁时，拿破仑就战败了，战争就此结束，父亲所在的军团不得不原路返回。

这天，安徒生正在家中摆弄布偶，忽然一个当兵的人走了进来。

安徒生抬头一看，这个人骨瘦如柴，面容更是疲惫不堪，就好奇地打量起来。

"嗨，小家伙，你又长高了！"这个人见到安徒生，突然笑着说。

安徒生的心突然颤动了一下："是爸爸吗？"他几乎不敢认了，眼前的这个人与父亲走之前的样子太不一样了。

"当然！怎么，你都不认识爸爸了？我是爸爸呀！"

"太棒了！真的是爸爸回来了！"

安徒生又惊又喜，扑到父亲的怀中。

这时，刚刚从河边洗衣服回来的玛利亚也看到了汉斯。她吃惊地问："汉斯，是你吗？"

"没错，是我呀。你看，我不是很好吗？"

"可是，你怎么成了这个样子？"玛利亚一脸的不解。

原来，在开赴前线的日子里，汉斯所在的部队一直滞留在国境线边的一个贫困小镇上，一次战斗也没有参加。可是，他们却要不停地训练，还缺少食物，这令汉斯本来就不太好的身体很快就垮了下来。等到战争合约签订后，他们的部队很快就解散了，士兵们也各自回家，所以汉斯才变成了这样。

父亲回来了，家中的一切又恢复了原来的样子。父亲也再次回到他的工作台上，可却每天都是一副无精打采的样子。

（三）

1816年3月的一天，鞋匠汉斯正在修着一双破皮鞋。突然，他高高地举起修鞋用的刀子，大声地喊道：

"听我的命令，现在，拿破仑皇帝已经下令，我们的部队要攻破荷斯丁，向德意志进攻！"

这突然的举动把玛利亚吓坏了，她大声地喊着安徒生："汉斯，汉斯，快来呀！"

听到母亲的喊声，11岁的安徒生急忙从外面跑进来。

可还没等安徒生反应过来，父亲已经冲出了大门，跑到大街上，手中挥动着修鞋刀，嘴巴里还不停地大喊着：

"前进！前进！前进！"

看着父亲与平时不一样的举动，安徒生与母亲吓得慌作一团。

"汉斯，你还愣着干什么？赶快去到那个会算命的太太家中，叫她给卜个卦。我现在出去，把你爸爸弄回来！"

一向迷信的玛利亚一边大声吩咐着安徒生，一边跑出门去追赶自己的丈夫。

安徒生现在才真正意识到问题的严重，他慌忙跑出门，去找卜卦的老太太。

安徒生跑得上气不接下气，终于找到了老太太，并把事情说清楚了。老太太听完后，慢慢地拿出一根毛线，又量了量安徒生的手腕，念了几句安徒生根本听不懂的咒语，然后又拿了一根碧绿的小树枝，放在安徒生的胸口上，说道：

"这根树枝和耶稣背上十字架的木头是同一种树木。"

接着，她又闭上眼睛接着说：

"好了，你现在就沿着河边走回去。如果途中遇到你父亲的灵魂，就是你父亲已死的讣告。"

安徒生听了，觉得阴森森的，很害怕。他又转过头没命似的沿着河边往家中跑，还好，一路上也没有遇到父亲的灵魂。安徒生这才放下一颗悬着的心。

回到家后，安徒生看到了躺在床上的父亲。他脸色青白，已经沉沉地睡去了。

两天后，汉斯的病情不断恶化。无论是巫医的草药，还是玛丽亚的关怀，全都无济于事。他先是不停地讲着胡话，然后沉沉地睡去。第三天，他的眼睛突然放出光彩来，紧紧地盯着窗户上的厚厚的冰花，眼珠一动也不动……

过了好一会儿，母亲玛利亚才醒悟过来。她悲伤地对身边的安徒生说：

"孩子，你的爸爸已经离开我们了，他被冰姑娘带走了。"

安徒生也明白了这句话的意思。还是在去年的冬天，家里的窗户结霜花时，有一天，父亲指着玻璃让安徒生看一个好像少女伸着胳膊的形象，开玩笑似的说："明年，这个冰姑娘一定会来接我的。"

这当然只是父亲当时开的一个玩笑，可是现在，望着躺在床上好像在熟睡的父亲，安徒生和妈妈都不禁想起了这件往事。

父亲去世后，因为没有钱买木制的棺材，安徒生和母亲只能为父亲买一个用黄色的稻草板做成的棺材。随后，父亲就被安葬在圣甘诺教堂院子中的穷人墓地里。

悲痛至极的老祖母，在汉斯的坟墓上种了几株玫瑰花。她说："可怜的汉斯这么喜欢花，就让这些花来陪伴他吧。"

后来，这些玫瑰花真的开了。

父亲死后，家里的生活更加难以维持了，母亲玛利亚唯一的谋生手段就是每天给别人洗衣服。在寒冷的冬天，河水的温度是无法想象的，她只好喝几口酒来驱寒。这在体面的有钱人看来，是多么粗鄙的行为啊！因此，刻薄的流言也很快不胫而走，城里的人们都在窃窃私语——

"鞋匠的老婆玛利亚原来是个嗜酒如命的女人啊！"

有一次，安徒生正揣着酒瓶往河边走，准备去给母亲送酒时，牧师的寡妇忽然从窗户里伸出头来，对着安徒生大骂：

"呸！真是下贱的东西！你的妈妈就是个废物！"

这些话都深深地铭刻在安徒生的记忆中，他为母亲感到无限的屈辱，1853年，安徒生把这件事写进了他的童话《她是一个废物》中，对此表达出了深深的愤慨。不过，他至死都没弄明白，人怎么会那么残酷？世道怎么会如此的不公平？

当然，父亲的离去也让安徒生变得更加寂寞，他每天只能独自在家中玩布偶戏，看戏院的节目单。可是，父亲的身影却总是不断地在他的脑海中盘旋，引起他无限的悲伤。

第四章　艰难的磨炼

世间没有一种具有真正价值的东西，可以不经过艰苦辛勤的劳动而能够得到。

——安徒生

（一）

母亲玛利亚很想独自支撑起这个家，让安徒生过上好点的生活，但她一个女人家又能有什么好办法呢？只有靠拼命地为别人洗衣服来维持生活。

由于双脚经常站在水中，玛利亚的腿脚都浮肿得很严重。尤其是秋天以后，日子更是一天比一天难熬，日渐冰冷的河水，就像刀子一样在她的脚和手上剜割，疼痛如同钻心一般。

看到母亲所遭受的痛苦，安徒生暗暗发誓，一定要努力，将来让母亲过上像富人一样的生活，不让母亲再像现在这样，在寒冷的冬天里站在冰冷的河水中为别人洗衣服。

安徒生认为，要想成为有钱人，首先就要学习知识，而获得知识的方式，当然就是从学校中获得。于是，尽管当时家中拮据，安徒生还是央求母亲送他到一所专门为富人开办的学校读书。那时的安徒生天真地认为，只要进入富人的学校读书，就可以像富人子弟一样，获得知识，以后成为富人。

可是，校长却不愿意接受他，认为他衣服破旧，有损学校的形象。在母亲的苦苦哀求下，学校勉强接受了他。可是，接下来的生活更让安徒生难过，因为那些富人家的孩子根本看不起他，甚至歧视、侮辱他。而且，学校也并不像安徒生想象的那样，向学生们传授文化知识，而是整天向他们灌输一些生死有命、富贵在天的哲学。

安徒生彻底明白了，这并不是他这样的穷孩子该上的学校。一气之下，安徒生离开了学校，再次失学了。

从这以后，安徒生更加内向了，整日闷闷不乐地把自己关在家中。

就在这时，邻居文凯佛洛太太见安徒生每天闷在家里很可怜，就邀请他到自己家中玩。

文凯佛洛太太是一位牧师的遗孀，她与牧师的妹妹一起住。尽管安徒生一向不到别人家玩，但是这次他答应到文凯佛洛太太家去做客。因为他知道文凯佛洛太太死去的丈夫是个很有名望的牧师，而且还是当时丹麦文坛上比较有才华和影响的诗人。

文凯佛洛太太一家人对安徒生很热情。在牧师家的书架上，放着许多精美的书籍。安徒生对这些书籍简直爱不释手。

这时，牧师的妹妹指着其中的一本说："这是莎士比亚写的《李尔王》，让我念给你听吧。"

说着，她拿起书，翻开来念给安徒生听。这是安徒生第一次读到英国戏剧大师的作品。在池塘中漂浮的奥菲利亚，在狂野中举手向天的李尔王，以及那些为爱恨格斗、流血的场面，更是极大地触动了安徒生幼小的心灵。

听完这些故事，安徒生不但对故事情节了如指掌，而且很快就能整段整段地背诵出来。回到家中后，他还沉浸在莎士比亚的剧情当中，并将这些戏剧改成纸人戏自己编演。安徒生发现，这些戏比他以前编演过的戏都更生动、有趣。

"我自己也来写一出戏吧。"安徒生这样想着。

于是，他从丹麦古老的传说中取材，模仿莎士比亚的剧情，描写了一对青年恋人的悲剧故事。他们彼此相爱，但最终又被拆散，然后双双死去。

安徒生当时认为，故事中的人物死的越多，故事就越有趣。

安徒生对自己的处女作很满意。写完后，他就站在花坛下高声朗诵起来。隔壁的一位太太听到后，就从窗口伸出头来，问道："汉斯，这到底是什么戏呀？"

"它叫《亚伯尔与埃尔比拉》，是我写的。"安徒生不无骄傲地说。

老太太捧着肚子笑了起来：

"难怪我听起来觉得一点意思也没有呢，都是些乱七八糟的东西，我看叫《蔷鱼与紫鱼》还差不多。"

安徒生听了，垂头丧气地走了回来。

"不要难过，她们其实是嫉妒你，"刚刚下工回来的母亲安慰他说，"因为她的儿子根本写不出这么好的戏剧。"

母亲的安慰让安徒生稍稍消除了内心的气恼。于是，他又满怀激情地拿着自己的剧本跑到文凯佛洛太太家中，将这些故事读给她听。

文凯佛洛太太听完安徒生的朗诵后，惊讶地说："汉斯，原来你已经能够写出这么棒的剧本了，真是了不起！"

受到鼓励的安徒生更加有信心了。回到家后，他又开始准备写第二个剧本。在这个剧本中，他希望能描写国王和王后，而且还有一些贵族的生活。于是他又读了一些莎士比亚的作品，还在街上买了一本用丹麦语解释的英语、德语和法语的字典。利用这本字典，他又将几种外国话掺杂起来写，令故事读起来更加逼真，故事中的对白也更像是贵族讲的话。

剧本写好后，安徒生自己朗诵了一遍，感觉措辞真的很不错，他甚至开始佩服起自己的才华来了。

（二）

就在安徒生集中精神地写剧本时，街上的长舌妇们开始议论他们家的生活了：

"这家鞋店的老板娘准备打算让她的儿子游手好闲到什么时候呢？"

"谁知道呢！简直就是疯子。"

……

玛利亚听到这些议论后，心里也感到不安起来。于是，有一天，她把安徒生叫到身边，对他说：

"汉斯，妈妈本来不打算让你出去做事赚钱的，可是现在左邻右舍的闲言碎语太多了，我看你还是找一家工厂做做工吧，好吗？"

其实也难怪邻居们说闲话，因为隔壁的孩子比安徒生还要小两岁，早就在工厂做工了，每个星期都会拿回一些钱。

安徒生也不想违背母亲的意愿，而且觉得母亲每天为了维持家境也实在太辛苦了。于是，11岁的安徒生便被母亲送到一家工厂里做童工。

在这家工厂干活的，都是一些穷人家的孩子。当玛利亚看到破烂的工厂和穿着破衣烂衫的工人时，就有些后悔了，觉得自己不应该把儿子送到这里来受苦。

可是，安徒生进入工厂后，却很受工人们喜欢。因为安徒生有一副十分动听而高亢的如同女高音般的歌喉，每当他唱歌时，所有的工人都会停下手中的活，甚至连机器都停止运转，一起倾听他唱歌。大家为了能够听安徒生唱歌，甚至连他的那份工作都帮他分担了。工厂里的生活让安徒生很喜欢，他很快就适应了。

安徒生还告诉工友们，自己不但会唱歌，还会演戏呢，而且能演出霍尔伯格和莎士比亚戏剧的全部情节。大家鼓掌让他表演，安徒生就像在一个真正的舞台上一样，表演得一丝不苟，惟妙惟肖，那副神态完全与舞台上的演员一模一样。

可是，有一天，当安徒生表演正在兴头上时，一个雇工突发奇想，说道：

"汉斯这家伙，说不定不是个男人哩！"

大家一听，也都跟着大声地随声附和起来，如果不是有女高音，他怎么能有这样的表演才能呢？

于是，几个雇工抓住安徒生，摁住他的手脚，一副要将事情弄清楚的架势，大声地嚷嚷道：

"没错，他就是个女孩子！"

这让安徒生感到十分羞耻，他拼命挣扎，终于挣脱了工人，哭着从工厂跑回家中。

当玛利亚得知儿子受到的侮辱后，后悔自己不该将安徒生送到那里去。

几天后，玛利亚又托人帮安徒生找到另外一份工作，是帮人包装鼻烟。可是时间不长，这份工作就让安徒生染上了病，无论是白天干活，还是夜里躺在那张长凳上辗转难寐的时候，他都会不住地发出一阵阵致命的咳嗽。这样的咳嗽让玛丽亚惊恐不安。这孩子与他的父亲一样，肺不好，如果再多呼吸烟草的粉尘，他会送命的。

无奈之下，玛利亚又把安徒生从工厂领了回来。

不就，安徒生又成了油漆匠的听差小厮。可是几天后，他就挨了一顿揍，周围的一些富家孩子常常成伙地追打他。

"打这个写剧本的！"

他们嬉笑着、尖叫着，向他投掷石块、带刺的果壳和一团团脏的东西。回到家后，玛丽亚看到儿子肿起来的眼睛上带着一大块青紫的血斑，心疼得直叹气。

"可怜的孩子，如果这样下去，用不了多久你就要变成残废了……你还是上慈善学校吧！邻居们爱说什么，就随他们去说好了！"

就这样，安徒生有了第三个老师，但那个学校只教授圣经。

聪明的安徒生根本用不着复习，老师所讲的字字句句，他几乎都能印在脑子里。回到家后，他还有很多时间读小说和演木偶戏，或者沉醉在自己的幻想当中。

而这时，安徒生一家的日子已经过得相当艰难了。不久，另一个年轻的鞋匠尼里斯·龚杰生成为他们家的座上客，不久，玛丽亚就嫁给了他。

一个陌生人取代了父亲的地位，让安徒生有些郁闷。因为有了他，安徒生感觉母亲与他的关系疏远了。从前，母亲总是不断地给他安慰和疼爱，而如今……

不过，安徒生还是很爱母亲的，他也理解母亲的日子很艰难，他一点也不想让她伤心。

近来，安徒生十分思念父亲，许多父亲说过的已逐渐淡忘的话语也经常涌上心头。父亲说过：追求自己的理想吧。不要怕穷，要学习，要读书，要到外国去见识见识！

现在，安徒生也很想到外面见识见识。

（三）

1819年春，14岁的安徒生已经是身材修长的小伙子了。母亲玛利亚说："孩子，你已经14周岁了，应该行坚信礼了。"

在西方国家，作为基督教徒，在出生后要受洗礼，在成年后还要行坚信礼，这样才算成为真正的基督教徒。而且，坚信礼也相当于成人礼，行礼后代表一个人已经从少年进入成年，此后应该有自己独立的生活与家庭责任了。

玛利亚希望，安徒生行过坚信礼后能真正意识到自己已经长大，不能再每天生活在自己的幻想当中，而应从事一个正当的职业，为家里分担一些责任。

玛利亚一直都希望安徒生能成为一名裁缝，因为他喜欢缝纫工作，喜欢给木偶做衣服，针线活也做得很棒，这不正是做裁缝的料吗？

不过，安徒生可不这么想，他对母亲说："我不会做裁缝的，我想要当一个演员。"

这样的话，玛利亚已经听过不止一次了，但这次她却十分生气：

"不要再每天胡思乱想了！我不会让你当演员的，唱戏的人永远会被人瞧不起。你准备一下受坚信礼吧，牧师会好好开导你的。"

母亲很快就为安徒生准备好了行坚信礼所要穿的衣服，那是拿他去世的父亲的礼服修改的，安徒生穿上后很合身。另外还有一双他从没穿过的鞋子。

看到这些东西，安徒生突然感到高兴起来。这时，安徒生反而希望快点举行坚信礼了。

要受坚信礼，就要提前到教堂报名登记。按照以往的规矩，有钱有势人家的孩子都由教堂中的大牧师来主持坚信礼；而穷苦人家的孩子，则由牧师的助手来主持。

可是安徒生在报名时，却坚持要由大牧师来为他主持坚信礼。大牧师虽然觉得安徒生的行为有些鲁莽和可笑，但也没有明确拒绝，因为毕竟没有规定穷人家的孩子就一定要由助手来主持坚信礼。再说，安徒生也算是镇上的一个小名人了，会表演、会唱歌，其实大牧师本人也很欣赏他，于是，大牧师就答应了安徒生的要求。

不过，安徒生并不是为了虚荣才要求大牧师为自己主持行礼的，他是希望能趁这个机会与拉丁文学校的学生一起到教堂中做礼拜。因为他觉得有了母亲为他准备的衣服和鞋子，自己在那些人面前并不丢人。

那个拉丁文学校的学生来他父亲的店里定制皮鞋时的那一幕往事，至今安徒生都记忆犹新。

可是，现实马上给了安徒生当头一击。当他来到牧师那里，准备与那些富人家的孩子一起行坚信礼时，那些拉丁文学校的学生却对他流露出一些瞧不起、甚至是鄙夷的表情和举动来。

只有一位少女，同情被冷落的安徒生，她友好地与安徒生打招呼：

"嗨，你好，汉斯！"

"啊！丁娜尔小姐——"安徒生有些紧张地打招呼。她是贵族罗恩家中的丁娜尔·罗恩小姐。

"坚信礼后，我就要到哥本哈根去了，我的姑姑要在那里开一个舞会。"

"是吗？"安徒生不假思索地回答，"我也一定要到那里去。我的目标是到皇家剧院当演员。您如果在那里，一定要去看我的演出，我可以邀请您吗？"

"当然可以，"丁娜尔小姐爽快地接受了爱迪生的邀请，"如果你演出成功，我就送一束鲜花给你。现在，我这里有几朵玫瑰花，就先送给你吧，这是我刚刚剪下来的。"

说着，她将手中的花送给了安徒生。

"谢谢您。您的这份好意，我一辈子都不会忘记。"

安徒生十分高兴地接过了丁娜尔小姐的花。回到家后，他十分珍惜地将玫瑰花插到花瓶中，装上水，直到花彻底枯萎了，他都舍不得扔掉。

这一天让安徒生最不能忘怀的，就是丁娜尔小姐。因为她的好意送花，让安徒生感到十分幸福。尽管其他的富家子弟不喜欢与他来往，但他毫不在乎。

"只要丁娜尔小姐和我在一起就可以了。"安徒生心里感到无比的欣慰与满足。

在行礼这天，安徒生穿着母亲特意为他准备的那套漂亮的衣服，还有那双咔咔作响的皮鞋。

"要是丁娜尔小姐能够注意到我的这双鞋子，那该多好呀！"安徒生暗自想着。

后来，在安徒生的作品中，有一篇名叫《红鞋子》的童话，说的就是一个女孩子穿了一双红色皮鞋的故事。在这个女孩子的身上，怎能说没有丁娜尔小姐的影子呢？

安徒生的坚信礼是在1819年复活节后的一个星期天，在圣托诺脱教堂举行的。牧师在教会的记录上，写下了这样一段话：

"他具有丰富的才能和宗教知识，他的努力虽然还不足称赞，可是，他的态度却很平静谦和。"

第五章　前往哥本哈根

生命是美丽的，我们不要总是垂着头，勇敢地前进吧！

——安徒生

（一）

由于安徒生有着一副美妙的歌喉，还有非凡的朗诵和表演才能，镇上的几户有权势的人家开始注意他，还经常招呼安徒生到他们家中做客。

其实，他们多半都带着一点好奇心，想让安徒生当面给他们表演一下，以验证一下镇上的传闻是否属实。

在邀请安徒生的人中，有一位名叫霍格·古尔堡的上校，他十分欣赏安徒生。他甚至将安徒生介绍给丹麦的王子，也就是后来的丹麦国王克里斯钦八世。

在古尔堡上校的安排下，王子意外地接见了安徒生，这在当时简直是不可思议的荣誉。上校向王子详细地介绍了安徒生的情况，王子也很欣赏安徒生，并对他说：

"你的歌唱和朗诵确实很美妙，但这并不是你的天赋所在。有这样才华的人很多。读书是个漫长的过程，你的家境比较困难，如果你愿意学一门车工一类的手艺，我会给你安排的。"

"不！亲王殿下，"安徒生吃力地说，"我一定要设法做一个演员。"

亲王听了，很不愉快地皱了皱眉头。不过在安徒生充分显示了他的才华后，这位王子（后来当了国王）还是在安徒生遇到困难时，给予了他很大的帮助。

安徒生当时认为，学手艺谋生是缺乏志向的表现，他不想再像父亲一样，成为一个手艺人。他的理想是当一名演员。

这时，安徒生又想起了坚信礼上丁娜尔小姐的话，于是更加坚定了走出小镇，到哥本哈根去的想法。

不过，玛利亚却还在极力地劝说安徒生去学习裁缝，尽管她根本说服不了安徒生。

"我希望成名，我不是说做裁缝有什么不好。可是，我想依靠我自己的才能，找到另外的成名的方法。"

接着，安徒生又为母亲列举了几位大人物在少年时代贫苦奋斗的实例，那是玛利亚从来都没听过的，但玛利亚却没有理由阻拦安徒生奋斗的勇气。

"那么，你到底要干什么呢？"

"去演戏，到戏院里当演员。"安徒生一脸得意，他已经下定了决心，一定要去演戏。

原来在1818年6月，哥本哈根皇家剧院的一批男女演员和歌唱家曾到欧登塞镇来演出过。当时，他们的杰出表演成了小镇上的人们纷纷议论的一件大事。

安徒生进到舞台侧门后，对那几个演员说他也爱好戏剧，希望能看他们演出。于是，他们安排安徒生到后台观戏。在一场歌剧中，剧团的领队还让安徒生登台，担任书童或牧羊孩子一类的角色，他都演得很认真，也演得很成功。

在这以后，安徒生就更加迷恋戏剧了，一心想要到皇家剧院去当演员。

皇家剧院在丹麦的首都哥本哈根，那是全国最大的城市，位于西兰岛的东岸，从菲英岛的欧登塞市前往哥本哈根，一定要横越海峡不可。

　　但是安徒生根本不在乎路途的遥远，他认为，只有到那里去才是最有前途的。他想，要是能到那里，他就去找皇家剧院的经理，然后亲自向经理陈述自己的志愿。经理一定会答应他的请求，给他一个位置，然后他就能认认真真地演戏了。这样，说不定他很快就能成名，并成为观众的偶像呢！

（二）

　　为了让母亲玛丽亚同意自己的决定，安徒生颇费了一番心血。但是最后，还得感谢那个算命的老太婆，因为母亲是很信命的。

　　"好，好，我占卜的卦就没有不灵验的。"

　　老太婆拿出一副牌来，然后用怪模怪样的手法算了起来。过了一会儿，老太婆念念有词地说：

　　"孩子的幸福之花不在这里开放，得离开这，到远方去寻找！"

　　她缓了口气，又接着说："现在，我看见许多星星……突然把四周照得通亮！这是焰火，只有有大人物出现时才会有焰火，但这次的焰火不为别人，是为了您的孩子！将来，我们的欧登塞市一定会搭起彩牌楼，庆祝他的成功！你们，还是依着孩子去做吧。"

　　非常迷信的玛丽亚被这个卜卦战胜了，她再也不反对安徒生的主张了。

　　可是，出行是需要钱的。

　　两年来，安徒生用钢铁一般的毅力，积攒了每一个好心人给他的每一个铜板。他把这些铜板都放进一个罐子中。现在，他打碎罐子数一数：一共13块。这个数目，在玛利亚和安徒生看来，都是十分可观的。

　　不过，邻居们听说安徒生要只身一人去哥本哈根，都觉得很不合适：

"让一个14岁的孩子独自出远门，到那么人地生疏的大城市去，这可是一件可怕的事啊！"

"是啊，"玛利亚说，"可是他每天搅得我不得安宁，我只好同意了，但我肯定他是到不了那么远的。一见到那汹涌的海洋，他就会吓得返回来了。"

1819年7月，欧登塞来了一位名叫哈梅的女演员。安徒生认识的一位本地男演员带着他去见哈梅。女演员热情地接待了安徒生，并认真地倾听了他去哥本哈根的想法，然后鼓励他到那儿去。这样一来，安徒生去哥本哈根的事就定下来了。

邻居们听说安徒生要到人地生疏的哥本哈根去，都建议他找个人写几封介绍信带着。安徒生听说，芭蕾舞女演员沙尔夫人是哥本哈根皇家剧院中十分著名的演员。在他看来，沙尔夫人就是个万能的舞蹈皇后，任何事都可以办到，要是她能帮上忙，那是最好不过的了。

安徒生想到了老印刷商艾弗森，他是欧登塞最体面的公民之一。安徒生听说，哥本哈根的演员来欧登塞演出时，艾弗森曾与他们有过一些交往，所以他推断，艾弗森一定认识著名的沙尔夫人。

于是在一个星期天的下午，安徒生去拜访了艾弗森。

艾弗森认真地倾听了安徒生的计划和请求，但他却劝安徒生放弃他的打算，安下心学一门手艺。

"那真是人生最大的罪孽。"安徒生回答。他是断然不会去学什么手艺的。

安徒生坚定的决心令艾弗森老人感到很是吃惊，他对安徒生也产生了好感。

"我并不认识那位舞蹈家，但我可以给她写一封信。"

于是，他认认真真地写了一封推荐信交给安徒生。

终于，上路的日子定下来了。

1819年9月初，安徒生带着自己辛苦攒下的钱和少量的行李离开了欧登塞。

临行前，安徒生的老祖母赶来了。她拉着孙子的手，老泪纵横。安徒生等着祖母说一些祝福的话，可她难过得一句话都说不出来。

从此以后，祖孙二人就再也没有见面。两年后，安徒生还在哥本哈根时，祖母去世了，埋葬在教堂院子里的穷人墓地中。

祖母的眼泪和拥抱也让安徒生很难过。不一会儿，启程的哨声响起，安徒生登上了马车，马车终于启动了。

一路上，安徒生还是很愉快的，因为终于就要见到向往已久的哥本哈根了。后来，他在自传中这样描写自己当时的心情：

"马车左驾座上的车夫吹着号角。那是一个阳光灿烂的下午，太阳照进了我愉快天真的胸怀。我为映入我的眼帘的每一件新奇的事物感到欢欣不已，一路向着我心灵深处所向往的地方驶去。"

然而，马车才刚刚到达菲英岛的终点纽波儿镇，安徒生就"感到自己是多么孤单而可怜，除了天国的上帝再没有可以依靠的了"。

（三）

当时，哥本哈根是一座人口不到十万的城市，与纽约、巴黎等大城市相比，它就像一个幽静的省份。

哥本哈根又被称为"塔城"，城市中有许多古色古香的塔。在塔顶上，金钟齐鸣，发出悦耳的响声。每到傍晚，守夜的更夫就会扛着小梯子，伴着齐鸣的钟声，到大街上把装满动物油的路灯点亮。

1819年9月6日，经过三天的旅程，安徒生终于踏上了他日夜向往的城市哥本哈根。

突然置身于热闹繁华的大城市，安徒生感觉就像梦游一般。有那么一刹那，他甚至觉得自己是那么孤独、那么渺小，以至于忍不住泪如泉涌。他仿佛觉得，自己来到了一个完全不认识的世界中，欧登塞在他的记忆中已经变得遥远而渺小了。

不过，安徒生立刻擦干了眼泪，因为现在不是哭泣的时候，而是勇敢、满怀信心地去行动的时候。

安徒生找到了一家小客栈，安顿下来后，马上就去逛大剧院。从街上的海报看，今晚就有一场演出。

不过，安徒生就只有13块钱，这是他来这里的全部生活费，所以他不能花钱买票进剧院看戏，只好眼巴巴地绕着剧院溜达，希望能多看一眼剧院。

当他正抬头仰望着剧院出神时，突然有个人走到他身边，对他说：

"喂，今晚的戏很好看，你不来一张票吗？"

安徒生一听，高兴极了。他暗暗地想：这个人可真不错，他还要请我看戏。于是，他就回答说："真是太感谢你了，老伯伯。"

说完，他接过这个人递过来的票，转身就向剧院的入口跑去。

可是，身后这个人马上追赶过来，大声喊道：

"小家伙，你想哄骗我吗？拿了我的票怎么能不给钱呢？"

安徒生惊讶地回过头来，问："老伯伯，您的票不是送给我的吗？"

"真可笑，哪有不给钱就白白送票的呢？"

原来这个人是个倒票的"黄牛"。

安徒生赶紧把票还给这个人，慌慌张张地逃走了。

当时安徒生怎么也没有想到，十年后，他的第一部剧本就是在这里上演的。

今晚的事让安徒生很不愉快，他闷闷不乐地回到住处睡觉，准备第二天去拜访沙尔夫人。

第二天，安徒生穿上自己最漂亮的衣服——坚信礼服和那双能发出咔咔声的皮鞋，戴上一顶半遮的帽子，将头发梳理的整整齐齐，去拜访哥本哈根最著名的芭蕾舞明星沙尔夫人。

安徒生打算，见到沙尔夫人后认真地向她作一番舞蹈表演，她一定会对自己的舞蹈技术感兴趣的。

安徒生来到沙尔夫人的寓所门前，虔诚地跪下来祈祷，希望上帝可以保佑他在这里获得帮助。

这时，一个女仆碰巧从寓所中走出来，看到衣着寒酸的安徒生，以为他是个乞讨的，就顺手给了他一枚钱币，还诚恳地对他说："收下吧！收下吧！"然后就走了。

安徒生吃惊地望着她，难道她没有看到吗？自己今天穿的可是坚信礼服，一定很英俊，她怎么能把自己当成乞丐呢？

费了九牛二虎之力，安徒生终于说服女仆许可他去见沙尔夫人。

见到沙尔夫人后，安徒生将艾弗森的推荐信递给了她。信里讲了安徒生的情况，说他是个聪明的小伙子，有远大的抱负，喜欢舞蹈艺术。

可是，这位著名的舞蹈家沙尔夫人根本不知道艾弗森是何许人，她只是用一种奇怪的眼光打量着安徒生，这让安徒生很不舒服。

安徒生见推荐信没起作用，便决定豁出去了，希望以自己的实力——动听的歌喉和惟妙惟肖的表演来打动沙尔夫人。

于是，安徒生满怀信心地向这位高贵、漂亮的女士深深地躬了躬身，问她：

"夫人，我能荣幸地给您作一次表演吗？"

不等沙尔夫人回答，安徒生就脱掉鞋子，踩着古怪的步子，把脚后跟磨得嘎嘎响，边唱歌边跳起舞来。

刚开始，沙尔夫人还靠在椅子上，以一种惊奇的眼光看着安徒生。但安徒生越跳越起劲，夸张的声音，奇怪的舞步，加上剧烈的动作，让沙尔夫人觉得安徒生简直就是个疯子。

　　沙尔夫人生气地站了起来，呼唤她的仆人，让她们将安徒生赶出去，连解释的机会都不给他。

　　安徒生刚一出来，就听见"砰"的一声门关上了。那位著名的舞蹈家把他当成了一个有神经病的叫花子。安徒生委屈极了，但他又能去向谁诉说呢？

　　安徒生觉得自己简直无法承受这个打击，他一路狂奔到住处，伤心、难过、失望，各种痛苦的情绪统统向他袭来，他把自己关在屋子里，难过地哭了……

→　　　童话故事《丑小鸭》通常被认为是安徒生的一篇自传，描写了他童年和青年时代所遭受的苦难，他对美的追求和向往，以及他通过重重苦难后所得到的艺术创作上的成就和精神上的安慰。

第六章　梦想与现实

选择一个人生的方向和目标，顺着自己的心去发展，再也没有比这个更快乐、更幸运的了。

——安徒生

（一）

安徒生所带的有限的钱很快就花光了，他在盘算着下一步该怎么办。不过，安徒生并不灰心丧气，因为现在正是考验他有多大勇气的时候。

经过一番思考后，安徒生决定去拜访哥本哈根皇家剧院的经理赫尔斯坦，试一试自己的运气。但是，安徒生连一封给经理的介绍信都没有，该怎么去见这位有地位有名望的人物呢？

安徒生到了剧院经理赫尔斯坦家后，向经理家的看门人报了他的姓名，并说自己有事要见经理。可是看门人却不让他见，说经理太忙，不接见任何人。

安徒生一再恳求，看门人心软了，进去通报了主人。安徒生终于被接见了。

"尊敬的经理大人，我来自欧登塞小镇，我十分热爱戏剧，请您答应我的请求，留下我作为剧院的雇员吧？"安徒生诚恳地对剧院经理说。

赫尔斯坦打量着面前这个像鹳鸟一般细高的青年人，然后用傲慢的口气斩钉截铁地说：

"不，不，年轻人！你太瘦了。总的说来，你的长相不适合上舞台。"

但安徒生早就有思想准备，他继续恳切地说：

"经理，请您给我一个机会吧。我曾在欧登塞演过一个小角色，剧院的工作我也熟悉。我对薪水要求不高，每年给我100元钱，我就满足了……"

还没等安徒生说完，赫尔斯坦就严肃地摇着头叫他赶快走开，并用蔑视的口吻说：

"我们只雇佣受过良好教育的人。"

这句话一下子就戳到了安徒生的痛处，因为安徒生没有受过良好的教育。他沉默了，然后无精打采地走出剧院。这一次，他又碰钉子了。

该想的办法都想了，能做的努力也都做了，安徒生彻底地失望了。在哥本哈根，他举目无亲，没人能给予他帮助，也没人能来安慰他，他感到自己走投无路了。这时，安徒生第一次想到了死，只有死才是最好的办法。

这样想着，安徒生的思绪也上升到上帝那里了，他仿佛听到了上帝对他的召唤。这时，他又像下定了决心一样，改变了注意，管他呢，好歹先看场戏再说！

于是，他跑到剧院，用自己剩下的所有钱买了一张票，然后跑到最高层的座位上看起戏来。

这是安徒生第一次在哥本哈根的剧院看戏，这天剧院上演的是歌剧《鲍尔和维尔吉尼娅》。剧中的人物让安徒生感动得大哭。坐在安徒生旁边的一个女子见状，忙安慰他说：

"这不过是在演戏，不是真的，你何必这么悲伤呢？"

"我知道是在演戏，我所伤心的是，我现在正像这出戏的那两位主人公一样，要和戏剧永远分别了。"安徒生难过地回答。

那个女子听了安徒生这番话，觉得很惊奇，以为他是个精神不太正常的孩子呢。

为了让他平静下来，她塞给安徒生一片夹满肉的面包。安徒生一边流着泪，一边把面包吃下去。随后，安徒生又将自己的遭遇一五一十地跟这个女子讲了。

女子听了，又递给安徒生一块甜馅饼，此外就不能为他提供任何帮助了。

虽然仅仅如此，但意外的款待和同情也让安徒生得到了安慰，唤起了安徒生新的勇气和希望。

（二）

安徒生的生活陷入了困境，因而他现在不得不先把自己的理想放在一边，因为他必须认真考虑一下现实问题——付完第二天的房钱后，安徒生的全部财产就只剩下一块钱了。

在哥本哈根，一块钱能干什么？这时，安徒生想到了回家，而且必须要找一艘船免费捎他回家。来时，他花了三块钱才搭乘上邮车，现在只有一块钱了，搭乘邮车回家的方法是行不通了。可如果他就这样回家了，镇上的人肯定都会嘲笑他的，他觉得自己不能这样回去。

当务之急，安徒生觉得自己必须找一份工作来养活自己。既然回到家后也是干活，那还不如就在这里找点活做呢。

做什么活呢？安徒生没什么手艺，要找份工作是不太容易的。他必须先跟别人学点手艺。

安徒生觉得，命运真是会开玩笑，他千方百计想要摆脱学手艺的命运，结果现在自己却不得不靠学手艺生存下去。至于到底该学点什么手艺，安徒生并不在乎，只要能暂时利用这个手艺维持自己的生活就行。

安徒生买来一份报纸，从上面的广告中发现一位做家具的木匠师父需要一个学徒工。安徒生就按照广告上提供的地址找到了这位木匠师父。

老木匠十分热情友好，还答应让安徒生免费住在他家中，表示他愿意收安徒生做徒弟：

"小伙子，你就在我这里认真干吧，9年就出师了。到那时你自己就能当老板带徒弟了。"

安徒生可从来没有想过自己将来当什么木匠老板，他只想现在能挣一碗饭吃。因此，他提出先不订合同，干几天活试试看。

第二天，安徒生来得很早，6点钟就到了。这时，已经有几个徒弟在那里聊天了。

安徒生干活很卖力，不过其他几个木工徒弟见他不是本地人，干活虽然卖力，却笨手笨脚，而且像个女孩子一样害羞，便都窃窃私语起来。到后来，他们越来越过分，开始讽刺、挖苦、欺侮他。这让安徒生十分气愤，并想到了那次在工厂所遭受的痛苦。

不到天黑，安徒生就去找老板，说他不想订合同。他觉得，在这样的环境中他一天都待不下去。

"是不是小伙计们欺负你了？"老木匠问，"你刚来，他们跟你还不熟。往后，一切都会好的。"

"不，不，"安徒生不好意思地说，"谢谢您的好意，祝您一切顺利！"

说完，安徒生就离开了老木匠的家。

但接下来，安徒生又为难了，该到哪里去呢？他漫无目的地在大街小巷上游荡，想到了小时候在麦田中捡拾麦穗的情景，在精神病院与疯女人的奇遇；想到了祖母和母亲在送他时眼中的泪花，想到父亲慈祥的面容……

突然间，安徒生感觉父母为他所做的一切都是对的，一切都是为他好。现在，他开始后悔自己当初不该不听他们的话，想到如今流落街头的情景，真有一种生不如死的悔恨。

如果在夜幕降临之前还不能找到留下的机会，安徒生就真的只能找船回欧登塞去了。一想到要回家，安徒生就痛苦不已：

"想不到我汉斯·克里斯蒂安·安徒生的遭遇竟然惨到这样的地步。"

在绝望中，安徒生突然记起曾在欧登塞的报纸上看过一则消息，说有个名叫西波尼的意大利人要当哥本哈根皇家音乐学院的校长。这时，安徒生突然有了个主意：

"我不是有一副受大家赞誉的女高音般的嗓子吗？我就去找西波尼谈谈吧。要是这次还是不行的话，上帝一定会安排我回去的。"

下定这样的决心后，安徒生就像抓住了一根救命稻草一样，赶紧打听有关西波尼的情况。这一次，上帝还真的帮了安徒生一个忙，让他第一次尝到了成功的滋味。

（三）

当安徒生找到西波尼家时，西波尼的家中正在举办盛大的晚宴，许多文艺界的名人都在这里，如当时著名的作曲家韦斯、著名诗人巴格森等。

安徒生来到西波尼寓所的门口，对女管家说他要求见西波尼先生。

"小伙子，"女管家说，"西波尼先生现在正与朋友举行聚会，而且都是一些有头有脸的人物，他是没时间见你的。"

"可是我今天必须见到他，"安徒生说，"我是个穷苦的孩子，是从欧登塞来的。我的歌喉好极了，我只是求他能给我一点点的时间，听一听我的唱歌和朗诵。一些有眼力的人都说我很有前途，我对自己也有信心，但现在我的境遇糟透了。请您让我进去吧，西波尼先生也许会对我的才华感兴趣。请您不要拒绝我！"

安徒生言辞恳切的请求感动了女管家，她终于答应去向西波尼先生通报一声。

不一会儿，女管家出来说西波尼先生同意接见他时，安徒生简直高兴得快跳起来了。

在女管家的带领下，安徒生进到客厅，站在一群名人面前，兴奋和紧张得一时连话都说不出来。他努力定了定神，恢复了平时的镇定与信心，随后，他言语清晰而流利地向西波尼先生介绍了自己，并说明了他的来意。

"既然这样，那好吧，请你就给我们表演一下唱歌、朗诵和舞蹈吧，"然后西波尼又对在场的客人们说："先生们，我们来轻松一下，欣赏一下这位年轻人的技艺，可以吗？"

"好啊！"

"当然可以！"

其他人都表示赞成。

安徒生怀着兴奋和激动的心情，向他们深深一鞠躬，然后便即兴表演了霍尔伯格剧作中的一些情节，接着又背诵了几首诗，最后还唱了几首歌。

在表演过程中，安徒生十分投入。他还将自己在哥本哈根的经历揉入到表演当中，动情之处，泪流满面，博得了在场每个人的喝彩。

"这个孩子会有出息的，"诗人巴格森兴奋地说，"我预言，他将来是要成为大人物的。"他又转身对安徒生说："当有一天所有观众都向你喝彩时，你可不要自以为了不起啊！"

"我也这么认为，"著名作曲家韦斯教授说，"我们应该帮助一下这个孩子。我小的时候也很穷，没有朋友，日子过得很艰难，所以我深深理解他的遭遇。我愿意赞助他。"后来他给安徒生筹集了70块钱的捐款。

"我愿意免费为他进行声乐训练，"西波尼先生也热情地说道，"培养他唱歌，使他成为皇家剧院中一名出色的歌手。他的吃住我也包下了。"

安徒生几乎感动得不知道该说什么好了，眼前这突如其来的幸运让他激动得泣不成声。他已经是一个明白事理的少年了，他懂得该如何去回报这些好心人对他无私的关爱。

第二天，安徒生就迫不及待地给欧登塞的母亲写了一封信，向她报告了这个好消息：

亲爱的妈妈：

您的身体好吗？我非常想念您！

自从来到哥本哈根，我吃了不少苦。不过，请妈妈放心，现在一切的不顺利都过去了。虽然在沙尔夫人那里没有得到什么帮助，但我很幸运地得到了皇家音乐学校的校长西波尼教授的关爱，他不仅收留我，还亲自教授我声乐知识。诗人巴格森先生、作曲家韦斯教授都对我很好。特别是韦斯教授，还为我筹集了70块钱的捐款作为学费。妈妈，您知道吗？在这之前，我身上只剩下一块钱了。韦斯教授与我的出身一样，也经历过贫苦的生活。以后，我一定要以他为榜样，努力学习声乐，将来有所成就，报答他们的恩情。

妈妈，您看到信后就请放心吧，这都是上帝的保佑。

您的儿子

这是一封充满欢乐的信。母亲玛利亚收到信后，高兴地把这封信拿给所有的朋友看。她很庆幸自己当初听了卜卦老太太的话。很多人看了安徒生的来信后，也都为她感到高兴，但也有人说："还不知道结果会怎么样呢！"

很快，西波尼就为安徒生腾出了一间房子，让他住下。随后，安徒生就开始在西波尼的指导下学习声乐。

安徒生很勤奋，每天都勤学苦练，进步也很快。他还一改在家乡不爱与人交往的习惯，利用各种机会结识新朋友，因而也获得了更多的帮助与同情。在很短的时间内，安徒生就成为大家喜欢交往的人物。许多人都知道安徒生来自欧登塞，是个贫苦的少年，现在正在皇家剧院指挥西波尼的门下学艺，接受免费培训，还得到了像巴格森、韦斯这样著名人物的关心与帮助。

西波尼认为，安徒生还应该学习一下德语。有一位从欧登塞来的妇女，听说安徒生要学习德语后，就主动地为安徒生找了一位她认识的语言教师，请他教安徒生德语。就这样，安徒生很快又学会了一些常用的德语会话。

西波尼一家人对安徒生都很好，安徒生住在这里也能吃饱穿暖。尽管西波尼的性格比较暴躁，但安徒生并不在乎这些，因为他知道，西波尼是真心为他好的。

然而天有不测风云。正当安徒生在西波尼的培养下做着歌唱家的美梦时，他的嗓子突然变坏了。这个不幸，简直就像闪电一般出人意料。

事情来得很突然。这天，刚刚度过16岁生日的安徒生像往常一样，站在钢琴边准备在西波尼的伴奏下练唱。可是一开口，连安徒生自己都被自己的嗓音吓了一跳——昨天还清脆嘹亮的女高音，今天却变成了嘶哑难听的声音。

"孩子，你是生病了吗？"西波尼关切地问。

"没有啊，我好好的。"安徒生回答说。

"既然这样，那今天就休息吧，也许明天就好了。"西波尼安慰安徒生说。

可是，第二天，第三天……安徒生的嗓音依然没有好起来。这是多么大的打击啊！上帝对他太不公平了。

事实上，安徒生的嗓音发生改变也是情理之中的事。16岁的安徒生正处于发育的关键期，而那年冬天特别寒冷，安徒生衣着单薄，而且长期走在积雪的泥泞路上，脚都冻肿了，还患上了重感冒，嗓子发炎，最终嗓音也发生了改变。

后来试用了很多方法，安徒生的嗓音都没有好转。西波尼教授见状，也感到十分着急和惋惜。但是要想成为一名歌唱家，没有一副好嗓子是不行的。现实就是如此残酷，不论西波尼教授如何同情安徒生，他们都不得不面对现实。

西波尼建议安徒生回到欧登塞的家中去，但安徒生拒绝接受这一建议。几个月后，西波尼终于决定不再供养安徒生了。

这年的秋天，安徒生又接到皇家剧院经理处的通知，告诉他以后不要再到剧院参加任何演出了。这也就是说，安徒生连担任群众演员的机会都没有了。剧院的大门向他关闭了。

《海的女儿》是安徒生的一篇著名的童话，通过描写美人鱼对爱情的执著追求和为爱而不惜牺牲自己生命的感人故事，表现了美人鱼崇高的精神和善良的心灵。

第七章 坎坷的经历

> 希望之"桥"就是从"信心"这个词开来的——而这恰是一条把我们引向无限博爱的桥。
>
> ——安徒生

（一）

安徒生再一次走投无路。这时，一位名叫林德堡的教员同意安徒生跟着他免费学习戏剧艺术。可是很快林德堡就发现，安徒生不仅长相不漂亮，表演的手势和动作也比较笨拙。看来，安徒生是不适合当舞台演员的。

就这样，安徒生的这次努力很快又宣告失败了。现在，他得完全靠别人的接济才能生活。幸好有位好心人愿意每月支援给他一点儿生活费，但也仅够他支付房租和勒紧腰带吃饭的。早上，他可以喝杯咖啡，吃上一块便宜的面包；午餐吃晚一点，喝一杯麦片粥或一杯牛奶；晚餐通常就不吃了，节省一点。

不过，困境中的安徒生并未因此而消沉，他依然每天穿戴得利利索索。他的蓝色外衣和裤子的一些地方已经磨白了，他就仔细地用蓝墨水把它们染上蓝色。由于正处于长身体的时候，他的个子又高，带来的那套衣服明显地小了，他没有钱换一套大一点的衣服，只好在走路和俯身时特别小心，以防把衣服撑破了。

现在的安徒生，与刚来哥本哈根时相比已经有了很大的变化，在西波尼家住的这段时间，他也结识了很多上层社会的名流，这也让安徒生在离开西波尼的家后，不至于找不到任何请教的人。

经过一番思考后，安徒生决定争取到皇家剧院附属舞蹈学校去学习舞蹈。他首先想到了住在哥本哈根的同乡，曾经给过他很多帮助的著名诗人古尔堡先生。古尔堡先生就住在城外新教堂的附近，这也是他在诗中多次歌颂过的地方。

安徒生马上给古尔堡先生写了一封信，将自己的情况作了详细的介绍，并表示希望得到他的帮助。

古尔堡先生收到安徒生的信后，很欣赏他的才华和奋斗精神，于是热情地接待了他，并把自己发表的一篇短篇小说的稿费（有100多块钱）都给了安徒生。

在得知安徒生现在的境况后，作曲家韦斯和另外的一些好心人也都资助了他。就连西波尼家的两个女仆都对安徒生表示了同情，并表示会按季从她们的工资中拿出几块钱帮助他。虽然她们只付了一个季度，但安徒生依然对她们充满了感激。

在帮助安徒生的人当中，还有一位当时著名的作曲家库劳先生。库劳也是一个出身贫苦的人，据说小时候在一个冬天的晚上帮人去买啤酒时摔了一跤，酒瓶被打破了，一只眼睛也因此而受伤失明。因此，他深知一个穷孩子生活的不易，非常同情安徒生的遭遇。

安徒生用大家资助的这笔钱找了一间私人的出租房住下，那是哥本哈根最破烂的街道上一家寡妇的住宅。不过，这个寡妇可不是个善良的人，她很刻薄，每月要收安徒生16元钱，还说这是全市最便宜的。其实，那不过是一间没任何东西的储藏室，甚至连窗户都没有，不见阳光。女房东利用安徒生的天真善良，大敲他的竹杠。而且她还要安徒生每月预交房租，把他的钱全都弄到自己的手中。

当安徒生来到古尔堡家中后，古尔堡正埋身于书堆中，嘴里衔着一支大烟斗。

"嗨，孩子，你好。你的信中还有不少错别字呢，这样不好，看来我应该给你当当免费的语言教师了。不过，看得出来你的德文还是下了一番工夫的。"

古尔堡的表现比安徒生想象的要热情。接着，他又对安徒生说：

"对于你目前的情况，让我来给你想想办法。不过，现在你的野心不能太大，我最多也只能让你在哥本哈根读一点书。"

听了古尔堡的话，安徒生已经非常高兴了。后来，他就每天到古尔堡先生家免费学习拉丁文。

不幸与幸运连续不断地出现在安徒生面前。在哥本哈根的生活，已经让安徒生增加了不少为人处世的经验。

这时，舞蹈家达伦也向安徒生伸出了援助之手，安排安徒生到舞蹈学校去学习。在达伦先生的帮助下，安徒生可以经常与舞蹈学校的学生在一起，到演出舞台的后台看演出，有时甚至能坐在专供配角演员休息的椅子上。这让天性喜欢戏剧的安徒生能够得以有机会进入戏院近距离地观看演出，偶尔还可以跑跑龙套。这对安徒生来说，已经如同踏入了他朝思暮想的剧院一样，虽然他还不曾真正踏上舞台。

（二）

安徒生对戏剧的痴迷终于有了回报。有一次，达伦先生与沙尔夫人要一起出演一场芭蕾舞《亚米达》。在这场戏中，安徒生被安排扮演一个小精灵的角色。当那份印有"汉斯·克里斯蒂安·安徒生"名字的戏目单送到安徒生手中时，他高兴得几乎跳起来。

那天晚上，安徒生上床后，将那份印有他名字的戏目单放在灯光下翻来覆去地看，一遍又一遍地读着自己的名字。

难道，这不是他通往梦想的第一步吗？不过，房东老太太此时最感兴趣的，并不是安徒生在戏剧中会扮演什么角色，或者他会因此而获得什么荣誉，而是演这个角色能够挣到多少钱。

演出前的最后准备开始了，安徒生十分兴奋。他领了一套最破旧的紧身衣，在后台焦急地等待着出场时刻的到来。舞蹈学校的一群小女孩扮演主人公的女伴。她们看到安徒生的这身打扮后，在背后窃窃私语，满脸都是不屑的表情。

"汉斯，你大概是演第八个精灵，也就是最末一个特罗利吧？"一个小舞蹈演员故意问安徒生。

"谁说的，"安徒生容光焕发地说，"我是演第七个，你难道没有看过节目单吗？"

"汉斯，你的紧身衣背上裂了一个口子。"一个女演员故意吓唬他。

安徒生下意识地向身后瞧了一眼，另一个女演员就用大头针在他另一侧的腰上戳了一下。

安徒生回过头来，狠狠地瞪了她一眼。这时，又有一个小演员在背后踩了他一脚。

现在安徒生明白了，她们这些人做恶作剧，是想故意让他难堪。不过只要让他做演员演戏，这点儿委屈他是不在乎的。

这时，即将开演的消息传来了，大家又认真检查了一遍自己的装束。

这场演出大获成功。当大幕徐徐落下时，全场都是经久不息的掌声，安徒生更是激动得热泪盈眶。他知道，在这热烈的掌声当中，也有小小的一部分是属于他的。

在出演了《亚米达》中的小角色后，安徒生又有机会在剧院的牧童合唱团队或士兵合唱队中扮演某个小角色。这要比演一句台词都没有的小精灵一类的角色强多了。这也令安徒生更加偏爱戏剧了，以至于耽误了许多学习拉丁文的时间。

这让古尔堡先生很生气，他本来希望安徒生能学好拉丁文，然后寻找机会送他到大学去读书深造，将来成为上流社会中的一员。可是眼下安徒生却无法专心学习拉丁文。就算是要去戏院演出，至少也应做到学习与演出两不误。但现在，安徒生的表现让古尔堡先生很失望，因为安徒生几乎已经放弃了学习拉丁文。

安徒生再次来到古尔堡家中时，古尔堡先生明确地告诉安徒生："要么专心学习拉丁文，要么就去专门学习演出，必须在两者中做出选择。"

这让安徒生很痛苦。他实在不想放弃得之不易的演出机会。而且安徒生发现，自己的嗓音最近也有所好转了，他又参加了歌唱训练班的考试，并且及格了。于是，他又从舞蹈班转到歌唱训练班去了。这样一来，剧院居然成了安徒生每天活动的中心了。

有一天，当安徒生在后台复习拉丁文时，剧团团长走了过来，对他说：

"汉斯，如果你想当一个演员，学习拉丁文对你没什么用处。"

这样一来，安徒生就对学习拉丁文更加没兴趣了。

古尔堡先生得知后，气得嘴唇直哆嗦：

"汉斯，你的想法是不对的！拉丁文是拉丁文，演戏是演戏。你怎么能相信学习拉丁文会对演戏有坏处呢？"

不过，安徒生最终还是放弃了拉丁文，不再到古尔堡先生家中去了。

后来，安徒生在自己的传记中，写下了这样一段感受：

"即使一个被宣判死刑的囚犯，也不能体会我当时的痛苦。……拉丁文学不成了，这时，我才深刻地感到，没有别人的好意帮助，我是一无所成的！……现在想来，我那时的做法是错的。每每想到将来，我都会感觉自己还缺少必要的知识。我一面悲痛着，一面也在认真地思考着一切。"

（三）

一转眼，安徒生已经在哥本哈根生活两年了，别人捐助他的钱也几乎都用光了。这时，他不好意思再寻找资助，但也不想被别人知道他的困境，于是，他搬到一位已故船长的遗孀家中去住。

找到住处后，还要解决吃饭问题。白天，安徒生一整天就吃一块面包，而且还是偷偷地坐在皇家花园里的长凳上吃，免得被房东看到后嘲笑。偶尔几次，他也鼓起勇气去一次附近最便宜的餐馆，在那儿买点最便宜的菜吃。

元旦那天，剧院关门休息了，演员们也都放假了，只有一个看门人在那里。安徒生站在剧院的大门口，默默地祈祷新的一年他能在这里继续演出，并担任新的角色。

1821年5月，安徒生拜访了皇家剧院的歌唱教师克拉森先生，希望能通过这种方式找到一条通往舞台的新路。在克拉森的帮助下，安徒生转入皇家剧院附属音乐学校学习。

不过，在音乐学校的日子也不好过，这里的同学经常欺负他。在排练时，他们总是粗暴地挤他、绊他、拧他。他想不通，这些人为什么要这样对待他？是因为他唱歌比他们好吗？还是因为他是新来的好欺负呢？或者两方面的原因都有呢？

后来，在1822年，安徒生被皇家剧院附属音乐学校辞退了。

又到了一个重要的关头。他该从哪儿再次努力呢？安徒生苦苦地思索着。

在《亚米达》演出后不久，安徒生就结识了哥本哈根大学的图书馆管理员。他叫纽洛普，也是欧登塞人。了解到安徒生情况后，他十分同情安徒生，破例允许安徒生自由地从图书馆带书回家阅读。这样，安徒生又有机会接触莎士比亚的作品以及丹麦许多当代文学史方面的著作。

在丹麦当代的作家中，安徒生最崇拜的就是艾伦什拉杰尔。20年前，他还是个一点都不出众的年轻人，认识他的人都说他轻浮狂躁。但他却怀着复兴衰落的丹麦文学的雄心壮志，在文学领域走出了一条属于自己的道路，因而也被誉为"丹麦文学的太阳"。

艾伦什拉杰尔的奋斗经历让安徒生深受鼓舞。在安徒生以后的创作中，很多地方都受这位作家的影响。哪怕是在他最为著名的童话作品中，很大一部分也都带有浓厚的悲剧色彩。

在艾伦什拉杰尔的作品中，安徒生最喜欢的是他的童话剧《阿拉丁和神灯》。当他读到这部童话时，他的感受异常深刻。

在童话中，狡猾的巫师努勒丁施展了全部阴谋，霸占了那盏神灯。但是，这盏神灯最终还是被心地善良、富于幻想、朝气蓬勃的阿拉丁掌握了。

这部童话剧写于1805年，也正是安徒生出生的那一年。这是不是一种巧合呢？还是意味着这一年会诞生一个新的阿拉丁？不论如何，安徒生觉得，自己这几年也正像阿拉丁那样，在进行着艰苦的寻求。但是，自己究竟会寻求到一盏什么样的神灯呢？

（四）

由于受到艾伦什拉杰尔及其作品的影响，安徒生开始练习写作。他准备改行，做一个像艾伦什拉杰尔一样的诗人。

安徒生对艾伦什拉杰尔的崇拜简直到了迷恋的程度，他新近结交的朋友，也几乎都是这位著名诗人圈中的人物。他与艾伦什拉杰尔的追随者、诗人英格曼的关系尤其密切。

由于莎士比亚的悲剧和艾伦什拉杰尔的悲剧都是以诗的形式写的，安徒生也决定尝试写悲剧。

安徒生用了一个月的时间，写了一出名叫《林中礼拜堂》的悲剧。他兴奋地拿着它去见诗人拉贝克，并朗诵给他和他的夫人听。拉贝克倒是没说什么，拉贝克夫人听了一会儿，就打断了他的朗诵：

"天哪，汉斯，你怎么能这样成段成段地抄袭艾伦什拉杰尔和英格曼的作品呢？"

"是呀，这有什么关系呢？这些段落写得太棒了！"

安徒生小时候就喜欢读民间故事和民谣，而民间的创作也是人人都能利用的，所以他认为这样做没什么不对。但拉贝克夫人告诉他，抄袭其他作家的作品是不允许的，应该自己来创造。

一天，当安徒生去见一位公爵夫人时，拉贝克夫人拿出一束玫瑰花，对安徒生说：

"你把这束玫瑰花捎给公爵夫人好吗？如果她看到是一位诗人为她捎去的，她一定会很高兴。"

安徒生第一次听到别人称自己为诗人，尽管可能拉贝克夫人出于一种尊敬才这样称呼，但安徒生心里还是美滋滋的。"诗人！"这是多么美好的称呼啊！这种美好的感觉，让安徒生热泪盈眶。后来，他一生都铭记着这个非常的时刻。

随后，安徒生又用两个星期的时间写出了一出悲剧，题为《维森堡大盗》。他相信，这部悲剧一定能在皇家剧院上演。上演前，他不希望任何人知道这件事，包括曾教他拉丁文的古尔堡先生。但有一个人例外，那就是他在教堂行坚信礼期间，在欧登塞遇见的丁娜尔·罗恩小姐。她是那时唯一一个对他表示关怀和友好的人。现在，她也生活在哥本哈根。安徒生想在把剧本交给剧院之前，先听听她对剧本的意见。

当安徒生从丁娜尔小姐家中出来时，他高兴得几乎笑出声来。因为丁娜尔专门出钱请人把安徒生写得难以辨认的稿件认真地誊写了一遍，还修正了许多语言上的毛病，然后又将剧本寄到剧院经理手中。

　　安徒生回到住所后，就开始焦急的等待剧院经理的消息。他相信，自己的剧本一定可以打动剧院经理，他们会对他发自内心地赞赏。到那时，就连古尔堡先生都没话说了。

　　经过六个星期的煎熬后，安徒生终于收到了从剧院寄回的邮包，不但原稿被退回，还附带了一封信，称"这是一部肤浅的作品"，甚至还说作者"缺少教养"，因此拒绝采用。

　　这简直太出乎安徒生的意料了，安徒生也因此而痛苦到了极点。

　　然而祸不单行。就在收到退稿信的第二天，安徒生又接到了剧院导演的通知，告诉他，他被舞蹈学校开除了。

　　音乐学校和舞蹈学校的大门这下全都对他关闭了。

　　走投无路的安徒生，这一次是完全绝望了。生活的贫苦不可怕，可怕的是精神被彻底打垮。

　　这时，安徒生再次想到了古尔堡教授，他也开始为自己的行为感到深深的后悔。安徒生来到古尔堡教授家中，本来是想向教授道歉，发誓从此以后好好跟随他学习拉丁文。可是，古尔堡教授却拒绝了他，说他轻率无知，甚至说他简直是个忘恩负义的伪君子。然后又告诉他，自己不会再收留他，也不会再教授他语言了。

　　希望越大，失望也越大，安徒生已经深深地伤害了教授，他再也不能回到古尔堡家中了。但他不怨恨教授，只恨自己不争气，让教授失望。

　　安徒生很清楚，失去了古尔堡教授的支持，也就同时失去一些其他有地位名望的人士的支持，这以后在哥本哈根该怎么办呢？

　　越想越觉得绝望，安徒生再次想到了死。

第八章　命运的转折

只要你是天鹅蛋，就是生在养鸡场里也没有什么关系。

——安徒生

（一）

就在安徒生感到绝望的时候，他想到了自己的父母。父亲不屈服于命运的抗争与母亲送他远行时的情景，都让他感到，倘若就这样向命运屈服，无异于承认失败，从而失去生命的价值。为了父母的理想与期待，他决定再次站起来。何况，阿拉丁在取得神灯之前，也经历了无数的艰难。在找到属于自己的那盏神灯前，他是绝对不会退出生活舞台的。别人说自己好高骛远也好，爱出风头也罢，都没有必要去在意。

想到这里，安徒生的心也变得亮堂起来，他仿佛听见自己浑身的血液都在身体里欢乐地流淌。

安徒生不再坐在那里沮丧难过了，他站起来，活动一下腿脚，伸伸懒腰。这时他发现，外面的雾气已经打湿了他的衣衫，他已经在河岸边整整坐了一夜了。

安徒生抬起头，看到一轮红日已经从东方喷薄而出，新的一天又开始了。

这一次，安徒生决定继续写剧本。他准备根据一个历史事件写一出悲剧，名字就叫《阿芙索尔》。

经过几天的努力，《阿芙索尔》的第一幕完成了，安徒生对这部作品相当满意。不过，因为有了过去的教训，这一次安徒生冷静多了。他想再听听一些著名作家的意见，于是就跑到莎士比亚剧本丹麦文的翻译者彼得·吴尔夫家中。

一进屋，安徒生就自荐地说：

"彼得·吴尔夫先生，您翻译过莎士比亚的作品，我非常敬佩您。我写了一个悲剧，可以读给您听吗？"

吴尔夫一家正在吃早饭，他们邀请安徒生一起吃早餐。但是安徒生可吃不下，他一心关心着他的剧本：

"不，谢谢您吴尔夫先生，我急着听您的意见。"

"你真是个急性子的人。好吧，那就请你念念吧！"

安徒生兴致勃勃地朗诵起剧本来。刚一念完，他就急着问道：

"先生，您认为我会成功吗？"

"你这才写完第一幕呀！你什么时候再来？我欢迎你。不会很快就全写完吧？"

听了吴尔夫的鼓励，安徒生有点惊讶地说：

"我马上就会接着写的，两个星期就能写好！"

安徒生说完，就怀着激动的心情跑出了吴尔夫先生的家。

从吴尔夫家中出来后，安徒生有一种预感，自己距离成功不远了。想到自己在哥本哈根三年的坎坷生活，安徒生真是感慨万千呀！

忽然，安徒生冒出了一个大胆的想法：如果先将剧本出版，然后再送到剧院不是更好吗？这真是个不错的主意，如果能出版《维森堡大盗》和这部《阿芙索尔》，就可以先赚上一笔稿费，用以改善一下自己现在贫困的生活。

为了能够出版这两部作品，安徒生着实忙活了好一阵子。他准备把它们编成一个集子。可是，叫什么名字比较好呢？

安徒生想来想去，由于这些作品都是自己写作的尝试，那就叫《尝试集》吧。安徒生对这个名字很满意。

另外，安徒生还为自己起了一个笔名，叫威廉·克里斯蒂安·司各脱。

随后，他认认真真地在"尝试集"几个字下面署上了这个笔名。在这部集子的前言中，安徒生以诗的形式讲述了一个17岁的作者充满戏剧性的生平。

在完成剧本《阿芙索尔》后，安徒生又写了一篇小说，名叫《帕尔纳托克墓地上的幽灵》，这也是他平生所写的第一篇小说。写的是猎人巴列的幽灵，夜间在农舍出现的故事。

这篇故事是安徒生小时候在邻村取牛奶时多次听到过的。他剔除了其中迷信的成分，对一些离奇的事情做了合理的解释。

这篇作品的出现，也表明安徒生在试笔阶段并没有完全局限于诗歌和悲剧方面，而开始有了向故事突围的倾向。

在完成了几部作品后，安徒生开始寻求出版商。可是，出版商们却不愿意冒风险为一个没任何名声的青年出版这部集子，他们要求安徒生必须找到一定数量的预订者才能付印。

安徒生跑遍全城，也没能找到足够的订户。可是，当安徒生回到出版商那里要求拿回这部手稿时，出版商却拒绝了他的要求。就这样，这部手稿就一直放在这个出版商这里。

而更令安徒生意外的是，若干年以后，在没有获得通知的情况下，这部集子竟然原封不动地出版了。

虽然这部集子当时并没能出版，但在同年的8月，《竖琴》报发表了《维森堡大盗》的第一幕，编辑部还给了安徒生一笔小小的稿费。当时他正需要钱来维持生活，这笔意外的收入虽然很少，但却解除了他的燃眉之急，同时也令安徒生看到了希望。从此，他的生活即将揭开新的篇章。

（二）

安徒生将《阿芙索尔》送到了皇家剧院的经理处，此后开始焦急地等待着剧院的消息。这一次，他有一种时来运转的预感。

与此同时，剧院经理处也将安徒生的这部作品交给著名的诗人拉贝克，请他来评判它的文学价值，拉贝克是剧院经理处的艺术行家。

拉贝克将这部作品带回家阅读时，看到封面上写着安徒生的名字，想起三年前这个年轻人曾求助于他，但被他拒绝了。如今又看到他的作品，他感到这个年轻人真的有一股不服输的劲头。

拉贝克在读了第一页后，便皱起了眉头：文理不通，语言陈旧，读起来也不太通畅。他甚至没明白，安徒生究竟要写什么呢？看来他根本不是个搞文学创作的料子。

出于一种责任心，他还想继续再往下看一点。可再读几页后，拉贝克紧皱的眉头渐渐舒展开了，到最后甚至露出了笑容：啊，人物性格竟然勾勒得十分鲜明。作为一个没有受过教育的年轻作者，能写得这么好，可真是难能可贵啊！只有很有天赋的人才能做到这样。

不过，拉贝克认为，这个剧本在皇家剧院上演的话还是不够成熟的，因为作者的语言表达能力比较差，还没有抓住剧本创作的基本技巧。但也由于这点，拉贝克感受到了安徒生的执著，并认为应该请国王发给他一笔公费，以便让安徒生尽早接受文学教育。

可是，谁能有这么大的面子，能请求国王发放经费呢？拉贝克想了一会儿，想到了自己的好友柯林。

柯林是国会议员，也是丹麦最著名的人物之一，同时他还是皇家剧院的导演和负责经济方面的经理。他非常善于团结最杰出、最优秀的人才。

其实，安徒生与柯林也不算陌生，甚至可以说是熟人，但他留给安徒生的印象并不好。在安徒生看来，柯林言语不多，表情严肃，对安徒生也从不给予鼓励。这令安徒生在潜意识中就没有把柯林当成是自己的保护人。然而，就是这位柯林先生，最终改变了安徒生的命运，以至于后来安徒生多次表示，柯林就像他的"再生父亲"。

1822年9月13日，这一天对安徒生来说是个非同寻常的日子。这天，他被叫到皇家剧院经理处，拉贝克先生在这里等他。

拉贝克告诉安徒生，皇家剧院不准备上演《阿芙索尔》，因为剧本不够成熟，韵律混乱，而且还缺乏舞台计划。安徒生很失望。

"别难过，"拉贝克先生接着说，"我相信你一定会成为一名作家的，我把你的详细情况讲给了柯林先生。当他知道这个剧本是你这样一个没有受过教育的孩子写出来时，认为你十分了不起。柯林先生一定会帮助你的，你就等好消息吧。"

这个突如其来的转折让安徒生感到有些不知所措，他要接受正规的教育了，这可是他梦寐以求的理想，也是他父亲生前对他最大的希望，没想到今天竟然以这种特殊的方式实现了。

从剧院出来后，安徒生仍然沉浸在欢乐与激动之中，一切都像是在做梦，恍惚得不真实，让一直处于困境中的安徒生一点心理准备都没有。

果然没多久，柯林先生就接见了安徒生。

柯林先生是个严肃而实在的人，见到安徒生后，他没有寒暄，就直截了当地对安徒生说：

"以您现在的文化程度，怎么能写出供皇家剧院演出的剧本呢？"

安徒生一听这句冷冰冰的话，以为事情没有指望了。但柯林先生话锋一转，又用平静的语调继续说道：

"不过，拉贝克教授说他在您的悲剧剧本中看到一些天才的火花，认为您应该接受系统的正规教育。我想问您，您愿意进拉丁学校学习吗？"

"我十分愿意，那是我多年以来梦寐以求的事！"安徒生激动地说。

"这样吧，"柯林先生还是平静地说，"我想想办法来帮助你，我会把你的情况与国王谈一谈，建议他每年批给你一笔皇家公费，让你能支付求学期间的生活费用。"

"那，那真是太感谢您了，我真的不知道该怎么感激您！怎么感谢您才好呢？……"听了柯林先生的话，安徒生激动得简直连说话都有些语无伦次。

在柯林先生的安排下，国王弗雷德里克四世召见了安徒生，并答应在若干年内每年发给安徒生一笔一定数量的教育经费。而且通过柯林的关系，拉丁学校的董事们也准许安徒生到斯拉格尔塞的初中免费接受文化教育。

安徒生高兴得简直无法形容，上拉丁学校的梦想终于要实现了。这将成为他成功道路上一个多么重要的阶段啊！过去所遭受的一切屈辱与痛苦都将成为过眼烟云，崭新的生活就要开始了！安徒生的内心充满了激动，充满了对他伸出援助之手的人们的感激之情。

当然，安徒生最想感谢的就是柯林先生。当安徒生向柯林先生告别，准备去读书时，柯林先生和蔼而热情地说：

"你需要什么，就不客气地给我写信吧。要经常告诉我你的情况，好吗？"

此后，柯林先生也一直是最关心和爱护安徒生的人，并长期给他以经济支援。安徒生后来在他的自传中回忆这段经历时，动情地写道：

"从这时起，我在他心中生了根，我的父亲和继父都不比也不会比他对我更好；谁都不会像他这样，为我的幸运和我后来所受到公众的欢迎而由衷的高兴；谁也不曾比他更热诚地分担我的忧虑。我可以自豪地说：他是丹麦最好的一个人，他对我的感情与他对自己的孩子的感情一样。他给我钱，但又不在语言或表情方面使我感到难堪。在我的命运转折的时刻，我需要感谢的每个人，并不都是这种情况。他常常告诉我要考虑意想不到的幸运和穷困。柯林的话表现出了父亲一般的热心肠。严格地说，我在每件事情上都应该感谢他。"

（三）

1822年10月26日，17岁的安徒生离开了哥本哈根，来到斯拉格尔塞的教会学校，开始了他的求学生涯。

这是一所拉丁文学校，就设在斯拉格尔塞的一座小山上。从窗口望出去，可以看到山毛榉林旁边的一部部风车。

安徒生进入这所学校后，所进的班级是倒数第二班，班里的同学都比他小三四岁。因为安徒生没有接受过正规的学校教育，所以只能被编到低年级的班级中从最基础的知识学起。

报到完，安徒生就租下了位于学校附近的汉涅堡夫人家的一间房子，打算以后住在这里。汉涅堡夫人是一位知识阶层的寡妇。她收拾出一间小房间，给安徒生和另外一个学生租住。这间房子的旁边是一个花园，再过去就是一片宽阔的田野。安徒生很喜欢这里。

在这个小地方，谁家来一个陌生人都会成为一件大事，因此，邻居们都纷纷以各种借口来到汉涅堡夫人家。其实，他们是想瞧瞧安徒生这位皇家公费生是个什么样的人。

安徒生待人诚恳热情，乐于交朋友，有时他还把自己的作品念给这些邻居们听，大家感到又新奇又高兴。

可是，学校的主任西蒙·梅斯林却是个脾气古怪、喜怒无常的人，特别喜欢挖苦人，这让安徒生感到十分苦恼。

梅斯林是个翻译家，在古代语言方面造诣很深，而且还写过悲剧，参加过国内的各种文学论争。开始时安徒生觉得，这个人一定会成为自己的好导师，因为师生两人都喜欢诗歌，都写悲剧，一定会有不少共同语言。

然而事与愿违,梅斯林主任并不像安徒生想象得那样容易相处。相反,他常常讽刺和责备安徒生。在班级里,安徒生是年龄最大、个子最高的,这也成为梅斯林主任讥讽他的理由。

有一次,安徒生没有回答出梅斯林主任提出的问题,他就毫不客气地讽刺安徒生说:

"你的个子长得这么高,像一截长长的空树筒子,原来肚子里什么也没有呀!"

全班同学都大笑起来,安徒生感到极为难堪。

不过,主任课下对安徒生还算友善,常邀请他周末到自己家中去玩。

第一个星期天,安徒生就到梅斯林主任家拜访。他还带了自己比较满意的悲剧《阿芙索尔》的手稿,他跟主任谈起自己想当诗人的理想,并把稿子念给主任听,满以为主任会高兴地给他以指导。

谁知还没念上两页,梅斯林主任就叫他停下来。

"够了够了,我明白了,你是想把公费浪费在写作上呀!"梅斯林严厉地训斥安徒生说,"据我所知,你可是曾向柯林先生承诺过,会全力以赴地投入到学习中,是这样的吧?"

"我只是利用课余时间……"安徒生辩解道。

"那也不行!你要彻底打消这个不切实际的念头,安心学习!你们都是一些好高骛远的人,我见得多了!我必须要对你严加管束,让你对得起柯林先生的栽培才行!"

安徒生再也不想多解释了。他把手稿装进口袋中,向主任行了个礼就转身走了。安徒生不明白,梅斯林怎么能这样对待他呢?从那时起,安徒生的心中就滋生了对梅斯林主任的畏惧与敌对的情绪。

由于基础太差,安徒生在班级中经常遭到同学的嘲笑。但他学习勤奋,为人宽厚,对人诚实坦率,也不计较别人对他的刻薄和讥讽,更重要的是，他能讲出很多有趣的故事，而且从不掩饰自己在知识上的不足，不耻下问，所以，安徒生很快就博得了同学们的喜欢与同情。

在这所学校中，尽管学习希腊语、数学、几何、地理等课程对安徒生来说不是一件轻松的事情，但一分辛苦一分收获，一年后，安徒生就以令人羡慕的成绩升入了三年级。在升级考试中，除了希腊文是"良好"外，其余各科成绩都是"优秀"。

教授希腊文的老师恰好就是梅斯林主任。梅斯林认为，大声呵斥和挖苦讽刺是最好的教育方法，因此只要发现学生学不好，他就会发怒。

他尤其喜欢冲着那些感情丰富和敏感脆弱的学生发泄怨恨。而在这些学生当中，"作家先生安徒生"是最合适的发泄对象了。

所以，希腊语课对安徒生来说，简直是一种极大的折磨。

1826年5月，梅斯林开始担任赫尔辛格一所中学的校长。考虑到安徒生是公费读书，梅斯林觉得或许能从安徒生的身上榨出点油水来，于是就将安徒生一道迁到赫尔辛格，并让他住在自己家中，以便自己能够时刻照顾辅导他，然后让安徒生每年交付给他200元的生活费。

柯林教授也赞成梅斯林的"好心肠"，答应了梅斯林的请求。但事情远没有想象得那么美好。

刚开始，安徒生在梅斯林家中的生活还算平稳，可到了后来，安徒生几乎连饭都吃不饱了。不仅因为梅斯林的债务与日俱增，更重要的是，梅斯林觉得每年200元钱供养一个渐渐长大的人，简直是太亏本了！

这段时期，与刚到哥本哈根时过的那段苦日子差不多，安徒生变得日渐消瘦，每晚做作业时，他都被饿得头晕眼花。

不但饥饿难耐，安徒生所住的房间也冷得让人受不了，因为梅斯林一家说木柴要节省着用。就连安徒生想到别人家里串个门，烤烤火，喝杯热茶梅斯林也不答应，他只允许安徒生与自己的孩子们玩。虽然说是与校长的孩子一起玩，其实就是帮助校长家带孩子。下课以后，学校的大门一关，安徒生就不能外出了。

后来，安徒生在回顾他的这段经历时，认为他与梅斯林在一起的日子是他"一生中最黯淡最不幸的日子。"

（四）

安徒生曾多次将自己的境遇和委屈写信告诉柯林。开始时，柯林以为是安徒生不习惯学校生活，因此总是尽力安慰他，请安徒生理解梅斯林的教学方式。

可到了后来，柯林也逐渐意识到问题的严重性，他亲自找到梅斯林，让他写一份关于安徒生的情况汇报。

很快，梅斯林校长就给柯林寄去了一封有关安徒生情况的信。在这封信中，梅斯林称安徒生"富有丰富的想象力和热情，努力地学到了一些知识"，"他在各方面的才能都是高的，在某些方面甚至是出众的……这可以使他成为任何学校学生的典范"。

从梅斯林校长的信中，柯林一点也看不出他对安徒生有什么不满，相反，信中几乎充满了对安徒生的欣赏和赞美。但是，安徒生当时一点也不知道他在梅斯林心中的印象。

柯林在收到这封信后，马上就给安徒生写了一封信：

亲爱的安徒生：

不要丧失了勇气，把你的心神安定下来，镇定、理智一些，你会发现一切都会变得好起来。校长对你满怀好意。他的教育方式也许与别人不同，但都是为了达到一个共同的目的。

你的柯林

收到柯林先生的来信，安徒生很意外，他不知道为什么柯林先生会这样评价梅斯林。但是，他还是听从柯林的话，忍受委屈与尴尬。直到学校的一位老师到哥本哈根，才向柯林如实地汇报了安徒生的处境及每天所承受的精神负担。

柯林在获悉真实情况后，马上通知安徒生离开梅斯林家，回到哥本哈根。

知道要离开梅斯林家时，安徒生高兴得简直要跳起来。快要离开时，安徒生向梅斯林教授道别：

"谢谢您，您教会了我许多有用的东西，我永远不会忘记您的。"

在说这句话的时候，安徒生是十分真诚的。然而，梅斯林却粗暴地将手中拿着的一本书"嗖"的一声扔到墙角，并大声嚷嚷起来：

"您这个人简直让我腻烦透了，不幸的蠢驴！快到地狱见鬼去吧！白痴！疯子！无才的蹩脚诗人！"

安徒生就是带着这样的临别赠言，永远永远地离开了梅斯林校长那冷若冰霜的家。

不过，客观地说，在这四年的正规教育中，正是因为梅斯林校长的严格要求，才让安徒生学到了很多知识，这为他以后的文学创作打下了很好的基础。

"现在，我是一只自由飞翔的鸟儿，所有的悲哀和不幸都抛到了九霄云外。我天生就是个富有幽默感的人，但在这以前被压制了。如今，这种感情汹涌而出，不能遏止。我觉得，一切都是这样充满欢乐，生动有趣。而因为我那些过于激动的情思遐想，曾遭到梅斯林的辱骂和嘲弄，现在回想起来，都不免感到幼稚可笑。"

几年后，当安徒生在回忆起自己跟随梅斯林校长学习的那段日子时，说出了上面的一段话。

离开了梅斯林后，安徒生就像一只自由的小鸟。虽然安徒生在梅斯林那里受尽了折磨，可在这几年的痛苦的岁月当中，他的精神世界依然丰富多彩，依然是按照他自己的轨道在前进。在这期间，他读了很多书籍，思想的火花也时刻迸发出来。因此，他的笔记本上记满了各种各样的写作素材。

《夜莺》主要讲述了夜莺因其曼妙的嗓音赢得了全世界博学之士的推崇，也赢得了中国皇帝的眼泪。在皇帝弥留之际，夜莺来到皇帝身边为他歌唱，阎王使者潸然泪下，飘然离去，皇帝的生命得到了延续。

第九章 雏鸟展翅

一个人的年轻时代，是属于诗的时代。

——安徒生

（一）

回到哥本哈根后，柯林先生为安徒生介绍了一位老师。这位老师就是后来的北欧语言学与历史研究大学者录得比克·米勒尔。

不过，那时米勒尔还是个年轻的大学生。他真诚地对待安徒生，经常到安徒生寄宿的破旧阁楼去指导安徒生的学习。

这时，国王仍然定期给安徒生一笔费用供他使用。不过这笔钱并不能足够保证安徒生的全部生活开支，他要想方设法节省花销。就像当时许多穷学生一样，每个星期要有好几天到一些有名望的人家里做客、吃午饭。

比如，在星期一和星期三，安徒生要到吴尔夫家；星期四在柯林家；星期五在奥斯特家；星期六到奥里家。只有星期二才自己做午饭吃，而且这一天的早饭和晚饭，他都吃得很简便。

这些著名人物对安徒生都十分热情，他们经常畅谈自己的所见所闻，有时也听安徒生讲故事，气氛很融洽。吴尔夫的女儿艾达最喜欢听他讲故事。他每次去吴尔夫家，这个小女孩都会缠着他讲很多故事。

通过与这些家庭的交往，安徒生也学到了许多实践经验，他的生活也显得特别有生气。

在这期间，米勒尔依然指导安徒生的学习，主要指导他进修拉丁文和希腊文，以帮助他在最后这一年准备大学考试。当然，这也是由柯林敲定的。

米勒尔聪明好学而且和蔼可亲，他们之间相处得很好。有时，两人也会将课业扔在一边，彼此朗诵诗歌，或一起讨论问题。米勒尔是个虔诚的基督徒，相信《圣经》上所说的每一句话；但安徒生却是批判地看待《圣经》。因而在《圣经》的教义上，两人时常会发生争论。但米勒尔并不发火，他总是能心平气和地与安徒生辩论，所以他们一直都互相尊敬彼此，友好相处。

在这期间，安徒生还写了几首诗，其中《鬼魂》和《母亲》两首诗均是后来被人发现，收入到他的作品集中的。在赫尔辛格上学期间，他只写了两首诗，分别是《除夕》和《垂死的孩子》，这也是他最先发表的。尤其是《垂死的孩子》在作家海伯格主办的报纸《飞邮报》上发表后，安徒生开始受到文学界和评论界的注意。

米勒尔当时住在克里斯蒂安港。这个港位于阿玛格岛的南端，与哥本哈根之间隔着一个狭长的海峡。

阿玛格岛十分美丽、幽静，是个花园、菜园和果园相互环抱的小岛，安徒生每天要两次步行到米勒尔的住处。

每次在去米勒尔家中的路上，安徒生都是满脑子功课；而回来时，就可以心安理得地思考他的诗歌了。

一路之上，安徒生会有许多奇思遐想，许多新鲜事物都交织在一起，在他的脑海中不断涌现。这些东西日积月累，越积越多。要将这么多的思想和感受窒息在大脑中，这是一件多么痛苦的事啊。

有时候，安徒生也会偷偷地抽空写一两页，但最主要的内容还要保存在记忆当中。他发誓完成考试后，一定要把这些奇思妙想写出来。

（二）

在即将进行大学考试时，安徒生十分紧张，担心自己考不上大学，令柯林和其他给予自己帮助的人失望。尤其拉丁文一直都是他学习中的弱点。不过，真正考试时，拉丁文卷子还不算太难，他让自己努力镇静下来，最终顺利完成考试。

除了拉丁文，其他科目考得都不错。最后一门是数学，也是安徒生的强项，考得都比较理想。

1828年10月23日，安徒生接到一份漂亮的大学录取通知书。他考试合格，已被哥本哈根大学录取。

这是安徒生有生以来感到最幸福的一天，多年来的梦想终于实现了。他兴奋极了，一遍又一遍地反复读着这张珍贵的纸头上的每一句话。随后，他立即跑到柯林先生那里，向他报告了这一大好消息。这也充分说明，柯林的心血、时间和钱财都没有白花。柯林先生一家衷心地祝贺安徒生。同时，吴尔夫、奥斯特等给予过他帮助的朋友也都热情地祝贺他。

第二天，安徒生沿着每天走过的道路到米勒尔老师家去。这时，他已经没有了功课的顾虑，昨日的兴奋心情也已逐渐冷静下来。当然，他还是要把这个好消息告诉米勒尔老师，让米勒尔也高兴一番。

除此之外，现在最重要的事就是整理一下自己这段时间的感受，写一些作品出来。

这一年，大约有200多名男青年考取了大学，其中有几个写诗甚至发表过诗作的人。有人开玩笑说，那年有4位大诗人和12位小诗人成为大学生。其中的4位大诗人分别是在皇家剧院上演过歌舞剧《人民剧院的阴谋》的阿尔内森、出版了《给上流社会的读物》的F.J.汉森、霍勒德·尼尔森和H.C.安徒生。

大学生活一开始，萦绕在安徒生脑中的念头就像一群飞在空中的蜜蜂一样，不断地从他的大脑中飞奔出来。

现在，安徒生可以专心地写诗了。不久，他就写成了一本诗集，名字为《阿玛格岛漫游记》（也被译为《徒步旅行》）。

这是一首幽默诗，同时也是一首富于幻想的浪漫主义作品，却也充分地显示了那时候安徒生的个性，嘲弄一切和流着眼泪拿自己的感情开玩笑的倾向。

安徒生很喜欢这首诗。虽然这是一本非同凡响的诗集，但像安徒生这样的无名新诗人，谁会愿意拿钱替他出版呢？

安徒生下了决心，于1829年1月自己筹钱出版了这本诗集。

令人意外的是，诗集出版后，在短短几天内就卖光了！出版商大为惊喜，立刻找到安徒生，表示愿意买下这本诗集的版权。

很快，这本诗集就被加印了三四版，就连邻国的瑞典也翻译出版了这本诗集。

海伯格给予本诗集高度的评论，称赞"不要用普通的眼光来读这本书，请将它当做一个即席演奏的狂想曲来欣赏吧！"同时他还指出，安徒生这位青年作者简直是有着非凡的才华。

《阿玛格岛漫游记》一书的出版，给安徒生带来了渴望已久的成就，不但解决了他生活上的一些困难，而且增强了他创作的信心。这一次，安徒生成了名副其实的"诗人大学生"。

很快，整个哥本哈根都在议论这本书，而且几乎都是赞誉声。"文坛新星安徒生"的名字也随之传开了，这让安徒生始料未及。

（三）

《阿玛格岛漫游记》的意外成功令安徒生在大学里很受尊敬。于是，安徒生乘胜追击，又写了一部轻歌舞剧《尼古拉斯塔上的爱情》。

从居住的顶楼上，安徒生可以凝望到窗外远处高高耸立的尼古拉斯塔，而且每天都能看到一个守塔人向上攀登的身影。由此，安徒生展开幻想。

这部歌舞剧语言有趣、情节生动，描写了守塔老人的女儿艾琳娜不顾父亲的反对，爱上了一个贫穷的青年裁缝。于是，父女之间发生了一系列的矛盾，最后则是大团圆的结局。

这一次，皇家剧院的大门终于向安徒生敞开了。

1829年4月5日晚，这出轻歌舞剧在皇家大剧院首演。宣传海报早就贴出去了，作者安徒生的名字也显著地写在海报上。

柯林先生和他的两个儿子都来到剧场看安徒生的这部喜剧，但柯林夫人因为眼睛不好，只能留在家中。演过许多著名悲剧的皇家剧院舞台，今天却要上演安徒生的轻松喜剧，效果将会如何？这令柯林先生有些担忧。

柯林夫人在家中也一直在为安徒生担心，今晚的演出究竟会是怎样的结果呢？

其实这次演出能否获得成功，安徒生也是一点把握都没有，过去太多次的失败，已经让安徒生的心理蒙上了阴影。

然而，结果却完全出乎他的意料，演出大获成功。当帷幕落下时，观众们报以热烈的掌声，并齐呼：

"万岁——"

"安徒生万岁——"

安徒生再也控制不住自己激动的情绪，他从剧院跑到大街上，又跑到了柯林先生家中。

看到柯林夫人，安徒生只叫了一声"夫人"，随即便瘫在椅子上哭了起来。

柯林夫人以为演出失败了，不知道安徒生是因为兴奋才哭泣。她摸索着走到安徒生跟前，关切地抚摸着他的头。

"别难过，汉斯！"柯林夫人十分亲切地安慰他说，"大概是观众还不习惯这种轻喜剧，演出失败了也不要紧！很多著名的大人物都曾遭受过无数的失败……"

安徒生突然转哭为笑，激动地跳了起来，语无伦次地说：

"夫人，您在说什么呀？演出没有失败！观众们都一个劲地为我鼓掌！我太兴奋了！太幸福了！"

说着，他在书斋中踱来踱去，还失声地笑起来。

"我们的观众是世界上最好的观众，"安徒生说，"还有我们的同学，他们那么热烈地喝彩，还高呼'安徒生万岁'，我太激动了！"

安徒生已经激动得上气不接下气了。

看到安徒生兴奋和激动的神情，柯林夫人也为安徒生感到高兴。但凡是了解安徒生的人，都会为他的成功而感到激动和骄傲的。这个曾从欧登塞小镇来的贫穷少年，已经在哥本哈根整整奋斗了十年！这十年，他是如何度过的？从几次想在剧院做个小雇员而遭到无情拒绝，到如今自己创作的剧作在同一家剧院演出而大获成功，这是多么大的差别呀！这其中所经受的痛苦和折磨，也只有安徒生自己才能够真实地理解和感受到。

有了《阿玛格岛漫游记》和《尼古拉斯塔上的爱情》的收入，安徒生也有生以来第一次能够自己养活自己了。而这对他来说，简直就是一场及时雨，因为考上大学后，以前享受的皇家公费资助也随之结束了。如今，安徒生不但实现了自己长久以来为之奋斗的理想，还开始自立，这对他此后的人生道路及事业发展是多么重要啊！

紧接着，安徒生又出版了他的一部诗集，其中附有一篇童话，名字叫做《鬼》。这也是他第一次尝试创作童话，虽然当时并没有引起人们的注意，但这篇作品却显露了安徒生在童话创作方面的天赋。

后来，安徒生发表的童话《旅伴》，就是根据这篇最早的童话《鬼》改写的。

　　尽管演出的成功让安徒生体会到了成功的喜悦和兴奋，但他在学习方面还是非常用功的。1829年9月，安徒生在古典语和哲学考试中都得了第一名。

　　温暖和煦的阳光，仿佛一下子都照耀在安徒生的身上，他每天都沉浸在幸福当中。此时的诗歌新秀汉斯·克里斯蒂安·安徒生，已经在丹麦文坛上享有盛誉了。

　　好运似乎不愿意离开安徒生一样，安徒生不仅在文学创作上获得了初步成功，还顺利地通过了两次大学考试，使他有机会去攻取哲学副博士的学位。此后，他就可以中止学习，结束大学生活，或者选择继续深造。

　　在决定自己未来发展方向的重要关头，安徒生非常诚挚地征求柯林先生的意见。

　　"孩子，按照自己所选择的道路走下去吧！"

　　这就是柯林给安徒生的建议。于是，安徒生在大学毕业后，毅然决然地选择了文学创作这样一条"充满荆棘的路"。

　　1830年夏，安徒生想要创作一部大型的历史题材作品。为了积累素材，他不得不坐下来认真收集资料，研究16世纪丹麦人的风俗习惯、衣着服饰、宗教信仰、语言特点等。

　　经过一番资料的准备和整理，安徒生感觉依然无法动笔。

　　最后，安徒生终于明白了，只有亲眼目睹故事发生的那些历史地点后，写作才可能进行下去。

　　于是，在柯林先生的支持和帮助下，安徒生离开哥本哈根，开始外出旅行。

第十章 恋爱与旅行

> 只有在想象中，爱情才能永世不灭，才能环绕着绚烂夺目的诗的光轮。我幻想中的爱情比现实中所体验的要美得多。
>
> ——安徒生

（一）

安徒生首先游历了日德兰半岛，随后准备回到久别的菲英岛。在途经福堡时，他顺路拜访了自己的大学同学沃伊特，并结识了他的妹妹莉波尔。

那天，安徒生来到沃伊特家时，莉波尔穿着白色的连衣裙出来迎接他。

莉波尔有着一双黑色迷人的大眼睛，头发结成两条黑辫子，十分漂亮。她手中拿着一朵红色的玫瑰花，一看到安徒生，脸上立刻就泛起了一阵红晕，无意中把那朵玫瑰花掉在了地上。

安徒生急忙弯腰把玫瑰花拾起来，交到莉波尔手中。莉波尔望着他，感激地嫣然一笑，就像被一股电流碰到似的，安徒生的心为之一震。

莉波尔对安徒生也充满了好奇和好感，她用非常友好而又惊讶兴奋的语调问安徒生：

"您真的就是那位很有名气的诗人安徒生吗？"

在得到安徒生的点头证实后，莉波尔的脸上又一次飞起了两朵红晕。

这一切都被敏感的安徒生看在眼里。他对莉波尔立刻就有了一种特殊的好感。

"不久前我重读了您的《徒步旅行》，非常喜欢，书中描写的那位少女好美丽呀！"莉波尔充满敬意与崇拜地说。

"可我眼前这位少女比她还美丽。"安徒生从来没有这样恭维过一个少女，但他现在说的却全是真心话，他就是这样心直口快。

"自然，这姑娘的头发、眼睛、皮肤都是褐色的，两颊绯红，有一双富有表情的眼睛，就像黑色的金刚石一样光芒四射！"

安徒生的到来，给生活平静而乏味的莉波尔带来了欣喜和欢乐。在与安徒生相处的三天里，莉波尔非常愉快，随处都能听到她银铃般欢快的笑声。

愉快的日子总是过得特别快，到了要分手的时候了，莉波尔十分不舍。她从花园中采来一束鲜艳的玫瑰，送给安徒生。

安徒生接过玫瑰，深情地望着眼前这个美丽迷人的姑娘，竟然有些发呆。他知道，自己已经深深地爱上了莉波尔，觉得她就像"天使一般可爱、聪明、善良"。

——这是后来安徒生所描述的莉波尔。

也就是在那一刹那，安徒生决定将莉波尔这个美丽名字作为他的长篇小说的主人公。

这一年的秋天，安徒生完成了他的旅行，回到哥本哈根。这时，碰巧沃伊特也来哥本哈根，顺便又回访了安徒生。

在与安徒生的谈话中沃伊特发现，自己的这位大学同学居然爱上了自己的妹妹。安徒生甚至明确地对沃伊特表示：

"如果没有莉波尔，人间便再也没有什么幸福可言了，那我的人生还有什么意义呢？"

这样爱的表达让沃伊特既担心又难过，因为自己的妹妹莉波尔在这之前已经订婚了，而且很快就要结婚了，她不可能嫁给安徒生。他很后悔当时没有阻止妹妹向安徒生表达自己的情感，也没想到事情会发展得这么快。

但是，此时他还不能把事情的真相告诉安徒生，他担心敏感痴情的安徒生不能接受这个突如其来的打击。

就在沃伊特不知如何向安徒生挑明真相时，莉波尔也来到了哥本哈根。她是来这里探亲的。当安徒生得知莉波尔来到哥本哈根后，马上就迫不及待地去拜访她，并且将因思念莉波尔而写的情诗朗诵给她听。

听着安徒生的深情朗诵，莉波尔感动得泪流满面。同时，她的内心也充满矛盾。她也喜欢安徒生，本来想在结束自己少女生活之前，尽情地享受与安徒生的友谊，享受安徒生带给她的快乐。可是，她没想到安徒生对她的情感会这样热烈。

安徒生很晚才从莉波尔那里回来，这让等在安徒生家中的沃伊特很焦急。当他得知安徒生已经向妹妹表白爱意时，觉得自己不能再犹豫了，必须让安徒生知道真相。

于是，沃伊特将妹妹已经订婚并且马上就要结婚的消息告诉了还沉浸在幸福之中的安徒生。安徒生顿时就傻了眼。他直直地瞪着沃伊特，不停地追问：

"这怎么可能？你怎么可以这样考验我呢？"

"亲爱的汉斯，我没有欺骗你，这是真的！请你面对现实吧！"

"如果真是这样，那也没关系，"安徒生焦急地说，"我愿意为了莉波尔付出一切，甚至放弃我挚爱的诗歌！"

第二天，安徒生又找到莉波尔，他要弄明白事情的真假，要亲口问问莉波尔是否愿意嫁给他。可是，莉波尔已经回福堡去了。她是为了不让安徒生伤心，才决定返回的。

（二）

　　没有见到莉波尔的安徒生既失望又难过，他随即便给莉波尔写了一封长长的情书，向她倾诉了自己的爱恋之情和思念之情，表示愿意将自己的心和未来都交付给她，希望莉波尔能给自己一个明确的答复。

　　收到安徒生的情书后，莉波尔感动得热泪盈眶。她为安徒生的痴情和爱恋感到幸福和满足，可她又是一个规矩而守本分的女人，虽然她也很渴望得到这份爱情，但是她却没有勇气去接受。

　　想到这里，莉波尔的心中萌发了一股怜悯之情。此刻，安徒生正在焦急地等待着她的答复呢。于是，莉波尔马上擦掉脸上的泪珠，给安徒生回了一封信。

　　在信中，莉波尔真挚地感谢安徒生给予她的这份爱情，但自己却不能嫁给他，因为她没有权利撕毁婚约。自己唯一能够给安徒生的，只有纯洁的友情了。

　　读到莉波尔的信后，安徒生除了难过之外，还多了一份敬佩，他越发觉得莉波尔是个善良负责的好姑娘。虽然自己很渴望能与莉波尔结婚，但他所爱的人已经订婚了，他不能看着她为他撕毁婚约，遭受人们的谴责。

　　一想到这些，安徒生又觉得自己的行为过于鲁莽了，打扰了莉波尔安静的生活。因此，他很想马上再给莉波尔写一封信，向她道歉。

　　可是一摊开信纸，他的脑中出现的全都是莉波尔美丽的身影，一句话也写不出来。他只怪上帝跟他开了个甜蜜而痛苦的玩笑。

　　最终，莉波尔嫁给了一个药商的儿子。

　　此后，安徒生又进行了几次恋爱，但都以失败结束了。可以说，初恋的失败影响了安徒生一生的婚姻观。直到他去世，人们还从他的口袋中发现了莉波尔给他的回信。

　　离开莉波尔后，安徒生消沉了一阵，他始终无法摆脱对莉波尔的思念。

在这之后，安徒生诗兴大发，写了一首题为《心贼》的诗。此后，他的诗兴便再也停不下来了，一首首诗作涌到纸上，但诗中的喜剧因素愈来愈少。尽管他知道莉波尔已经与他人结婚了，却依然很难抑止自己的情思。几年以后，他才认识到并且承认，莉波尔嫁给了一个好人，成了贤妻良母。这个结果无论是对于她还是对于安徒生自己来说，都算是一个美满的结果。

在备受欢迎的《阿玛格岛漫游记》和安徒生的其他大部分作品当中，讽刺因素占据着重要的地位，而且作品内容大多倾向于探索人生中压抑人性的东西，揭示事物的阴暗面。对于这种文学基调，有人喜欢，也有很多人不满。而且由于他所受的学校教育较晚，在学生时代就急于成为作家，语言基础不够牢固，所以，他的作品中也经常出现一些语法修辞类的错误。

可是，安徒生又不舍得花钱请人为他校订作品，这些错误便原样地出现在书中。他的作品越受读者欢迎，就越有人从中挑剔毛病。

有个牧师，专门为挑毛病而去读安徒生的诗，并声称在书中出现多少次"美丽"这个词儿，而不换用其他的同义词，甚至夸大其词地说他的作品通篇都是错误。

与此同时，其他人对安徒生作品的批评和指责也铺天盖地地出现了：

"安徒生的作品通俗而口语化的语言破坏了丹麦优雅的文学传统。"

"他的作品流露出很多不健康的思想倾向，令人感到压抑！"

"讽刺太多，不是什么真正的文学。"

"一个缺乏文化教养的人，怎么能成为诗人呢？"

……

这些人的无情指责和恶意中伤，严重地伤害了安徒生的感情。但从小就胆怯懦弱的安徒生，在经历了十多年被压抑的曲折经历后，学会了忍受一切。于是，这些人就更加肆无忌惮，大造声势，并将安徒生的忍耐视为软弱可欺，谁都想来教训他几句。

他们的指责给人这样一种印象：安徒生被赞美和荣誉宠坏了，在写作上根本没有责任感。如果安徒生顺着批评者的要求，声称自己一定要成为一个人们公认的、光荣的诗人，这些人又说他是虚荣心在作祟。其实，他们已经把安徒生弄得更加自卑了，他又一次陷入了人生的低谷。

爱情与事业双双受挫，令安徒生再次走到了绝望的边缘。爱情离他远去了，朋友也无情地抛弃了他，安徒生不得不开始怀疑自己、否定自己，甚至开始痛恨自己，并萌发了永远离开文学殿堂的念头，以保护他那脆弱的心灵不再受到无情的伤害。

柯林看到安徒生的状态后，十分担忧。他原本以为经过很多磨炼的安徒生内心已经变得足够坚强了，但现在看来还不是。但是，他仍然希望安徒生能"坚持走自己的路"，实现他的文学理想。

于是，柯林建议安徒生暂时离开哥本哈根，到国外去散散心，同时也能到外面接受一些新思想，为今后的创作寻找灵感。

安徒生觉得这个建议很不错，于是决定再次出外旅行。

（三）

1831年春天，在柯林先生的资助下，带着对莉波尔的思念与一种难以逃脱的复杂心情，安徒生开始了他的第一次德国之旅。

来到德国后，安徒生游览了吕贝克和汉堡，看到了许多新鲜的事物，令他感到十分新奇。在游览不伦瑞克时，他又感到世界是如此新奇地展现在他面前。这时，安徒生的心情才逐渐有了一丝愉快。

在德景斯顿，安徒生还结识了德国的著名作家蒂克。蒂克对安徒生的到来表示热情的欢迎，他亲自为安徒生朗诵他翻译的莎士比亚的《亨利四世》，这让喜爱莎士比亚作品、喜爱朗诵的安徒生受宠若惊。

在离别时，蒂克还亲切地拥抱了爱徒生，并祝他成为一名著名的诗人。安徒生感动得流下了眼泪。

到了柏林后，安徒生结识了德国著名作家沙米索。沙米索亲自开门迎接安徒生。随后，安徒生恭敬地将自己的作品《阿玛格岛漫游记》和在旅途中编写的一本诗集《幻想与画像》送给沙米索。

沙米索是懂丹麦文的，他很快就从两部诗集中选译出了几首，介绍给德国的读者。为此，沙米索也成为第一个将安徒生的作品翻译、介绍给德国读者的人。

同时，沙米索还在《晨报》上介绍安徒生：

"他秉性机智、幽默，富于幻想力和民族朴实感。安徒生还能以他的最强音唤起更大的反响。他特别善于用一种轻松生动的笔调，毫不费力地将生命灌输到他笔下描绘的小小画面和风景当中，而这些画面与风景往往都具有独特的地方性……"

这次德国之行对安徒生产生了很大的影响。他在异国他乡所得到的赞美与鼓励也远远多于他在自己的国家得到的，这让安徒生感慨万千。

这年入秋，安徒生装着新鲜的印象和新结识朋友的美好祝愿，精神振奋、朝气蓬勃地回到了哥本哈根。

然而回到丹麦后，他依然受到各种各样的攻击。不过此时的安徒生已经不在乎这些流言蜚语了，他要继续战斗下去，将这次旅行的经历写成一本书，题目就叫为《旅行剪影》。同时，他还要整理一下因思念莉波尔而写成的旅行随笔式诗集《幻想与速写》，准备将两部作品出版。

与《阿玛格岛漫游记》相比，《旅行剪影》将出色的幽默与抒情幻想有机地结合起来，将幻想凝聚在现实生活的基础上，对旅途中遇到的人物与事件进行了生动的描绘。

安徒生后来在谈到是什么东西引发他创作童话时，曾提到过《旅行剪影》这本书。在这本书中，有着童话与日常生活相互结合的萌芽。

然而，《旅行剪影》与《幻想与画像》的出版并没有给安徒生带来什么好运气，指责和批评依然如影随形：

"安徒生去了德国一趟，回来写的还是一些乱七八糟的东西。"

"他只会不切实际地幻想，写不出什么好东西了！"

"他太浮躁，这两年他出了四本诗集，但内容都太不严肃了。"

……

经过上一次的磨炼，此时的安徒生已经学会了保护自己的最好方法，那就是选择沉默。

在这时，最早给予安徒生帮助的著名作曲家韦斯又向他伸出了援助之手。他对安徒生说，在安徒生很小的时候，他第一次在西波尼家中看到他时，就相信他将来一定能在某一方面有所成就，事实上他没有看错。

接着，韦斯又告诉安徒生，他打算将司各脱的一本名叫《肯尼尔华恩》的作品改写成歌剧，希望安徒生能与他一起完成，担任剧本的文字改编。

这个消息真是令安徒生意外，丹麦数一数二的作曲家，竟然亲自请安徒生出来担任编剧。

安徒生怀着感激的心情，愉快地答应了韦斯的请求。

正当安徒生准备动手改编剧本时，有人又开始说他的坏话了：

"安徒生就是急于出名，居然打算把那么有名的小说改成剧本，这简直就是想借别人的声誉来撑面子！"

"他会把这部美好的作品糟蹋的，等着看吧！"

听了这些话，安徒生比自己的诗作受到人恶意批评更加难过。

不过，《肯尼尔华恩》还是顺利地搬上了舞台，只是没有出版，而对安徒生的恶意批评也没有停止。就连安徒生在1832年出版的《诗人简介》和诗集《一年的十二个月》都遭受到了批评。

总之，回到哥本哈根后的安徒生处境日益糟糕，天性敏感脆弱的安徒生也受到了极大的伤害。他既缺乏一个权威人士的保护，又不想放弃自己的文学理想，拒绝加入任何一个文学团体，因而也更容易成为人们抨击的对象。

这样艰难痛苦的生活，令安徒生更加怀念自己在国外的那段快乐时光。

《冰雪女皇》写的是冰雪皇后为了解除下在自己身上的咒语，带走了卡伊。小噶尔达历经千辛万苦，遇到了许多有爱心的人和动物，最终找到了冰雪皇后的宫殿，救出了自己的朋友卡伊，回到了日夜思念他们的奶奶身边。

第十一章 再次远游

旅行对我来说，是恢复青春活力的源泉。

——安徒生

（一）

柯林一如既往地对安徒生给予帮助，让他在这个家庭中享受作为亲属的各种权利。这也令安徒生对柯林先生充满了敬意，称他为"第二个父亲"。

事实上，柯林先生对安徒生身上的种种弱点可谓了如指掌，因而对他的改造也是竭尽全力。柯林一家在当时属于上层社会，因而他们也希望安徒生能得到"脱胎换骨"的改造，从思想、习惯、趣味甚至言谈举止上，都能够达到上流社会的要求。柯林对安徒生的改造可以说是不露痕迹的，是在潜移默化中默默进行。

然而，柯林先生多年的努力都是徒然的。安徒生即使到死，也没有脱离自己不切实际的幻想，他热衷于各种突如其来的事件，喜欢随处走，不断变换环境；他极端恢宏大度，胸襟开阔，却又容易小肚鸡肠，耿耿于怀。这两种性格始终伴随着安徒生，直至他去世。

最终，柯林一家对安徒生非常失望。而对于安徒生来说，要么与柯林一家融为一体，要么从这个家庭当中分离出去，没有第三条路可走。

不过，安徒生在柯林家中所遭受的感情上的创伤，却是他最为难忘的。

在柯林家中，有一个人走进了安徒生的生活，让他重新燃起了爱情之火。这个人就是柯林先生的女儿路易莎·柯林。

这个温柔谦和的女孩从不因为安徒生出身贫穷而瞧不起他，对安徒生十分友好，经常耐心地听安徒生朗诵诗歌而不去打扰他。这令安徒生非常感动，常常会有一种找到知己的感觉。

然而，柯林一家人没有一个成员认为路易莎可以与安徒生结合，因为安徒生缺乏庄重、沉稳的性格，也缺乏明确的社会地位，更没有无可争议的锦绣前程。这显然与柯林一家的社会地位及影响是格格不入的。

因此，为了打消安徒生的痴心妄想，柯林一家决定马上为路易莎订婚。

1833年1月，路易莎的订婚典礼举行了，她的未婚夫名叫林德。这一次，柯林一家一反惯例，没有通知安徒生这个重要的家庭成员来参加路易莎的订婚典礼。当时，安徒生很快就知道了。他明白了，这个家庭他再也待不下去了。

安徒生又一次深深地受到了伤害。

> 找不到我白色的姑娘，
> 即使是走遍天涯！
> 我知道，我爱她，
> 但早已凋谢了，爱情之花！
> 她已经死了
> 依旧是洁白一片……
> 多么不幸！——可是如今，
> 永不凋谢了，我那爱情之花！

……好了，到了该走的时候了。安徒生曾经那么渴望爱情，然而"心灵的日记中有一些章节，只有念给上帝听"。

安徒生经过一番思考，又想到了在国外的快乐时光，安徒生觉得，眼下最好也是唯一的办法，就是远走他乡，将无尽的烦恼与无聊的论战统统抛到九霄云外。

1833年4月20日，安徒生站在轮船的甲板上，向前来送行的朋友们告别。他向丹麦国王申请了一笔出国旅行的津贴。就这样，他离开了各种烦恼，离开了使他肝肠欲断又无法向人倾诉的无言的爱情，再次出国旅行去了。

也是从这一次开始，安徒生感到，旅行将成为他最好的学校。他先是到了德国，欣赏了莱茵河的风光，然后又到了法国，塞纳河畔的迷人景色让他流连忘返。

在法国巴黎的一个"欧洲文学俱乐部"中，安徒生还见到了德国诗人海涅，这也为他的这次旅行增添了不少光彩。

刚刚见到海涅时，安徒生紧张得简直说不出话。海涅热情地说：

"你是丹麦人，我是德意志人，丹麦和德意志是兄弟之邦。好，就让我们紧紧地握一次手吧。"

说着，拥有世界诗王头衔的诗人海涅热烈地与安徒生握手。

对海涅的友好，安徒生非常感动：

"我能与先生见面，真是非常荣幸。见到您后，我的这次巴黎之行也算是值得了。"

（二）

安徒生在巴黎生活了一段时间，在这里，丹麦人都生活在一起。大家经常一起去看戏，一起吃饭。其中的一个人收到信件时，大家也都围着一起看。

安徒生到巴黎后，也与同乡们生活在一起。可是总是这样下去的话，就体验不到当地的生活。于是，安徒生离开大家，只身来到侏罗山脉的一个小城镇，找到了一个开钟表店的朋友。

朋友一家与安徒生相处得很开心，他的孩子们也经常让安徒生讲故事给他们听。安徒生就将自己以前在父亲那里听过的《天方夜谭》用法语讲给孩子们听。

经常用法语讲故事，安徒生的法语进步得也很快。

这个小镇环境十分幽静，空气也特别好。在溪谷的旁边，有一栋白色的小房子。小房子的旁边有一部水车，每天都在那里咕噜咕噜地转动着。泉水透过山岩的缝隙，从地下不断地喷涌出来。

安徒生每天都会凝望着这些泉水。这一美丽的景象对于一向住在平原的安徒生来说，有一种想象不到的美和神秘。

安徒生内心的美感，也在这高原的小镇上，如泉涌般地活跃起来。他的作品《亚哥纳德与人鱼》就是在这里完成的。

不过，安徒生完成这一作品后，他的内心也变得复杂起来。他想："这首诗，丹麦的批评家们又将怎么批评呢？"

这些人的批评，让安徒生承受了巨大的心理压力。

这篇作品取材于丹麦民谣，是一首叙事诗，作品的内容和意义也很深刻，而且描写得很生动。

当安徒生将诗稿包好后，在包裹上写好了收件人柯林的名字，寄往哥本哈根。

在完成这篇稿子后，安徒生便开始计划着他的第二个旅程。

1833年9月5日，安徒生乘马车穿过辛普伦山脉，向意大利进发。他们走的是当年拿破仑军队开辟的横穿山脉的一条路。在接近山顶时，一条碧绿透明的冰川出现在他们的眼前。翻过山顶后，眼前出现的又是一片绿树。在远处深蓝色的群山之间，一个个美丽的小岛如同花束般漂浮在水上。这一刻，意大利的蓝天与碧水已经在向安徒生招手了。

9月6日，安徒生到达意大利。看到广袤辽阔的隆巴平原，安徒生觉得胸襟更加开阔了。在米兰，在热那亚，在佛罗伦萨，每个城市都有着不同的美景，安徒生看得心旷神怡。

在米兰，安徒生还爬上人工挖空的拱门，登上高耸入云的塔楼，欣赏着巨大的大理石雕像，眺望着远处冰川相间的阿尔卑斯山，谛听着米兰大教堂播放的优美乐曲。

在热那亚，安徒生观赏着沿街耸立的一座座宏伟的建筑，在阳光照射下白得发亮的大理石神像以及神像后面的宏伟剧院都令安徒生感到流连忘返。

在佛罗伦萨，他还参观了华丽的美术馆和富丽堂皇的教堂，欣赏着"梅迪奇的维纳斯"雕像，以及画家米开朗琪罗棺材周围的雕刻与绘画作品、诗人但丁的石棺和雕像等。

所有的这些，都是安徒生以前从来没有见过的。崭新的艺术世界，在安徒生的面前展现开来，他那过度兴奋的心，简直都有点按捺不住了！在这些景物面前，所有以前不愉快的记忆都被他远远地抛到了脑后。

10月18日这天，安徒生又来到了罗马。在这个被称为欧洲水量最丰富的城市，随处都可以看到迷人的喷泉。

在这里，安徒生拜访了自己的同胞，著名雕刻家伯特尔·多瓦尔先生，他当时在意大利已经侨居多年了。

多瓦尔十分亲切地接待了这位青年诗人。安徒生的真诚、坦率，他对艺术的挚爱追求和生活的坎坷，都与多瓦尔的经历十分接近。尽管这位老人已经63岁了，也曾饱尝过饥饿、寒冷、歧视、嘲笑等辛酸，但他始终坚持不懈，为自己的理想而奋斗，最终他达到了自己的目的。

安徒生对多瓦尔的经历及奋斗精神充满了敬重，他们一起愉快地谈艺术、谈自己的经历，十分投机。多瓦尔为人也很直爽，待人真诚，安徒生很喜欢他。

当多瓦尔先生听说安徒生的作品在国内受到恶毒的抨击时，愤愤不平地说：

"哥本哈根的这些哲人就是这样，越不懂艺术，就越要批评别人。如果我留在那里，情况也不会比你好，他们总是想教训一下年轻的作者。所以，你根本不必理会他们，只管一步一个脚印地前行吧！"

安徒生把《亚格涅特》念给他听。

"我很喜欢作品的真实感情和许多富有诗意的场面。"多瓦尔先生说，"而主要是，这一切都是丹麦的，是我们的，一切都那么亲切，就像我在国内的森林中散步，看见丹麦的湖光山色似的亲切！"

多瓦尔先生的同情和支持给了安徒生极大的鼓励，让安徒生得以在罗马度过艰苦岁月。而且，多瓦尔先生像年轻人一样的乐天精神，也给予了安徒生最为真诚的教诲与支持。

（三）

这一年的圣诞节，安徒生是在罗马度过的。对他来说，以前的任何一个圣诞节，都没有1833年这个圣诞节这样喜气洋洋。安徒生与一些朋友一起在竞技场附近一家别墅花园的一间大屋子中过节。这些人中有画家、雕刻家、诗人等，大家都独出心裁地准备礼物送给朋友。以这种独特的方式过节，可谓充满了诗情画意的文艺气息。

圣诞节过后，安徒生收到了一封从丹麦寄来的信，原来是攻击他的作品《亚哥纳德与人鱼》的批评文字的剪辑。这篇文章以教训的口气，称安徒生表现出了"反常的敏感和孩子气"，要他"多一点大丈夫气概和力量，少一点孩子气、怪癖和伤感"。

读完这封信，安徒生伤心地将它撕得粉碎，这些刻薄的批评让他沮丧到了近乎绝望的地步。

那么有没有人为安徒生的诗作说句公道话呢？有一个人，即拉索艾夫人，她在给安徒生的一封信里这样说：

> 我必须承认《亚哥纳德与人鱼》没有获得很大的成功。但有的人想从中途将它拉下来，那是居心不良的。这首长诗中有很多美好动人的东西，但我认为你在处理主题的问题上犯了一个大错。亚哥纳德是个轻浮的人，我们可以尽情地看她，却不能接触她。你很轻快地处理她，并用一些粗俗的人物包围了她，而且让她的圈子小得没有任何活动的余地。

唯有这封信，对安徒生说了一些善意、鼓励的话。虽然信中也对他做了一定的批评，但这种善意的批评却很容易让人接受。

就在安徒生因为国内对他的诗歌的批评而苦恼的时候，家里传来了他母亲病故的不幸消息。

"上帝，请您宽恕我！在我还没有能力为母亲减轻一点苦痛的时候，母亲竟然已经离开了我。"这位一生贫苦的母亲，在亲眼看到儿子的伟大成就之前，就这样离开了人世。

这个消息令安徒生悲痛欲绝，他哭得那么伤心。从此，在这个世界上，再没有人与安徒生有血缘关系了。安徒生觉得自己无助极了。

紧接着，安徒生又接到一个消息，说在《灵界通讯》这本书中将他骂得体无完肤的诗人亨里克·赫兹即将要到罗马来。

那个哥本哈根的敌人，居然也来到了美丽的罗马，这让安徒生有些无法忍受。

有一天，安徒生正在一家咖啡馆里喝咖啡，无意中居然遇到了赫兹。

赫兹非常亲热地与安徒生握手交谈。在发现安徒生很忧伤后，赫兹还极力地安慰他：

"我喜欢你对大自然的描写，因为这尤其显露了你的幽默。至于其他作品，我相信那一定是对你的一个安慰，那就是几乎所有真正的诗人都经历过与你相同的遭遇，在暂时的苦难之后，你就会开始领悟到什么是艺术的真理。"

最后，赫兹还对安徒生说：

"从现在开始，我要做你的好朋友。"

这几句发自内心的话，表达出一种多么亲切的同胞情谊啊！过去他们曾是仇敌，现在却变成了亲密的朋友。这对于安徒生来说，就好像是一剂补药。之后，两人一起到那不勒斯去，住在同一家旅馆中，相处得非常融洽。

安徒生告诉赫兹，他正在构思一部名为《即兴诗人》的中篇小说，主要描写一个具有即兴诗作奇才的贫苦意大利男孩安东尼奥的故事，而且已经开始了第一章。赫兹真诚地祝愿安徒生创作成功。

第十二章　童话的开始

人生就是一个童话，充满了流浪的艰辛和执著追求的曲折，我一生居无定所，我的心灵漂泊无依，童话是我流浪一生的阿拉丁神灯。

——安徒生

（一）

1834年8月，安徒生回到哥本哈根，此后全身心地投入到《即兴诗人》的创作中。但与当初的设想相反，这篇作品由中篇变成了一部长篇小说。

《即兴诗人》是一部反传统的自传性作品。小说的情节大致是：

主人公安东尼奥是个有点病态的痴情男人，在慈母养育下度过了童年。随后母亲去世，他便开始过着寄人篱下的悲苦生活。在耶稣教会学校中，他显露出一定的诗歌天赋，但却没有人赏识他。后来，他爱上了他的保护人——一位罗马大官的女儿，他向她倾吐了自己的爱恋以及他的理想。她对他很友好，可她的父母却决定将她送进修道院，让她在那儿为拯救世界献出她的一生。

另外，他还一贫如洗，她的家里人尽管心地善良，但还是瞧不起他，上流社会动不动就教训他，谁也不相信他是什么天才……

事实上，这些都是安徒生自己真实生活的体验。在小说的结尾，安徒生按照大众的阅读意愿，用一种美好的大团圆结束了小说。安徒生觉得，故事中的主人公历尽苦难，这是他们应该得到的补偿。

在创作过程中，安徒生不仅糅合了自己的人生体验，还有意识地按照当时颇为流行的风格，采用了"造成悬念和情节离奇曲折"的手法，令故事读起来更为引人入胜；同时，他还不放过任何一个机会，对意大利的生活与风土人情做了准确而生动的描绘，使整个作品都充满了诗情画意。

小说完成了，安徒生最后为它写了一个题词：

"献给参议员柯林和他尊贵的夫人，我发现他们是我的父母，他们的孩子是我的兄弟姐妹，他们的家就是我的家。我在这儿献上我所有最好的东西。"

然而，小说的出版并不顺利。

由于批评界一直恶意攻击安徒生的作品以及上流社会沙龙中有关安徒生"江郎才尽"的传言，出版商不敢贸然出版安徒生的作品。他们要求安徒生必须先联系至少100个订户，才能进行付印。

安徒生费尽周折，最终也只联系到80个订户。最后，曾帮他出版《阿玛格岛漫游记》的出版商莱采利勉强答应下来，表示可以先出版试一试。

1835年9月23日，《哥本哈根邮报》上刊登了这样一则广告：

> H.C.安徒生的小说《即兴诗人》将于3月出版。该书已由克隆兹教授译成德文，欲订购者请速到大学书刊发行人莱采利先生处登记。鉴于小说已超出原定篇幅，故零售价将大大高于预订价，即上下两册共一块零六十四个银毫（当时丹麦的货币单位）。

然而，这部作品出版后，很快就销售一空。尤其在意大利非常流行，一些外出旅行的人几乎人手一册。但是，在丹麦它仍然受到批评界的漠视，甚至还有人故伎重演，暗示书中有各种文法错误等等。

过了一些日子，《星期日时报》上发表了诗人卡尔·巴盖尔的一篇短文。文章的开头写道：

"我很久以前就预言过，诗人安徒生写的作品已经不如以前好了，他已江郎才尽了。也许，某些上流社会恰恰是让诗人初次露面时就受到宠爱，而且几乎被当做偶像来崇拜的地方，然而他并未江郎才尽；相反，如今的他已大摇大摆地登上了以往他所全然不知的地位，凭着《即兴诗人》，他的面前已展示了一幅非常灿烂的前景。"

尽管丹麦评论界对这部小说的批评声不断，但读者却对该书表现出了前所未有的热情，第一版很快就卖完了，第二版第三版又在不断重印。

在丹麦之外，这部小说也受到了热烈的欢迎，不仅很快有了德文版和英文版，还有了俄文版和法文版，瑞典的报纸也发表了赞美的评论，英国评论界也对此高度评价……《即兴诗人》为安徒生赢得了世界性的声誉，也初步奠定了他在丹麦文学史上的地位。

这令安徒生深感意外，同时也深受鼓舞。他说：

"这部作品提升了我已经下降的名气，再次将我的朋友聚集在我的周围，甚至为我赢得了新的朋友。我第一次感到自己已经获得了应有的认可。"

（二）

在写完《即兴诗人》之后，受到鼓舞的安徒生一发而不可收，随即于1836年出版了第二部长篇小说《OT》，1837年又出版了第三部长篇小说《只不过是个小提琴师》。

这两部小说都带有浓烈的安徒生个人经历的色彩，从故事情节到人物形象，甚至是主人公的名字，都能够清晰地显露出其自传性的特点。

这两部小说出版后，也深受读者的喜爱，销量都非常可观。

现在可以说，1835年是安徒生人生旅途中具有里程碑意义的一年。在这一年的3月，出版了为他带来荣誉与信心的《即兴诗人》；5月，又出版了为他带来世界性声誉与终身成就的第一部童话集《讲给孩子们听的童话》。这一年，安徒生刚好30岁。

其实，早在几年前安徒生就开始写童话了。1830年问世的第一部诗集，就已经附有他的一篇童话《鬼》（后来改写为《旅伴》）了；1832年，他还发表《老约翰尼的故事》、《跳蚤与教授》、《开门的钥匙》、《跛子》、《牙痛姑妈》五篇童话故事。《即兴诗人》也有一定的童话性质。

不过，在《OT》和《只不过是个小提琴师》出版后，丹麦文学界又开始对安徒生的作品唱起了反调：

"安徒生写诗的天赋我们是承认的，但他写了《即兴诗人》之后，就开始自鸣得意了，接连又写了几部小说，那些作品并没有任何新意。"

但他的这两部作品在国外同样获得了极高的评价：

"安徒生苦心创作的三部长篇小说中，他丰富的想象力、深邃的思想及敏感的诗人天赋，都清晰地表现出来。尤其值得敬佩的，是他从贫苦的境遇中挣扎出来，最终获得成功的经历。可以说，就是一种高洁的品质。正因为这样，他所描写的人生，恰恰含有深远的意义。"

1837年，也就是安徒生创作《只不过是个小提琴师》的这一年，他到瑞典去访问。

到了瑞典后，瑞典的作家朋友都热情而诚挚地欢迎他。安徒生就像遇到亲人一样高兴，他按捺不住自己兴奋的心情，写了一篇《斯堪的纳维亚赞歌》。

在这首诗中，安徒生对瑞典、丹麦和挪威这三个斯堪的纳维亚国家的国民倍加推崇，热情地歌颂他们的美好品德。直到现在，这首诗仍被三国的国民歌咏着。

尽管此时的安徒生已经拥有了很高的荣誉和地位，但没有任何援助，只靠稿费来维持生活，让安徒生的生活依然贫困——因为在当时的丹麦，稿费是比较低的。安徒生要想维持生活，只有不断地进行创作才行。但这样一来，不但糟蹋了身体，也很难写出高质量的作品。

随着出版作品的增多，安徒生在文学界的朋友也一天天多起来，而且不少都是大人物。尽管依然有不少人攻击他，但对于交友方面的命运，安徒生不得不感谢上帝。

丹麦国王又决定，给予安徒生长期的津贴补助，让他可以以艺术家的身份到国外进行研究旅行。这也是丹麦国王菲力德烈克六世在位期间，丹麦政府设立的一个荣誉制度。

"这样，我就不用再因生活而被迫写作了。从此，我就能写一点像样的作品出来了。"安徒生对国王给予他的帮助感到非常感激。

新的生命旅程在安徒生面前展现开来。这一年，安徒生35岁。

（三）

在《即兴诗人》出版两个月后，安徒生又出版了自己的第一部童话集，其中包括《打火匣》、《小克劳斯和大克劳斯》、《小意达的花儿》以及《豌豆上的公主》等四篇童话；同年12月，又出版了他的第二部童话，包括《拇指姑娘》、《旅伴》和《顽皮的孩子》三篇童话。

从此，童话也成为安徒生的重要创作形式之一。直到去世的前两年，安徒生整整写了43年童话，几乎每年都要在圣诞前夕出版一本童话集，作为送给孩子们的节日礼物。

但是，当时的安徒生正处于其小说、诗歌等作品刚刚获得社会承认的关头，可以说正处于文学创作比较顺利的情况，尤其是《即兴诗人》的大获成功，更是为他赢得了极高的荣誉。在这种情况下，安徒生为何要放弃小说创作，而转向童话呢？

这还要从《即兴诗人》说起。《即兴诗人》获得成功后，随后的另外两部小说也大获成功。这让安徒生开始思考，他的几部小说都是先从国外产生影响，然后才在国内出现反应。但是，安徒生的作品并不是为国外读者创作的。他还曾写过几部戏剧，但都没产生什么太大的反响。安徒生认为，戏剧是富人享受的艺术，而小说是给广大市民阅读的。写戏剧，对场景、舞台语言等方面都要求较高；写小说则重在情节，关键是要把一个好故事生动有趣地讲出来。

说到讲故事，那简直就是安徒生的强项。童年时，安徒生就喜欢听故事，也喜欢给别人讲故事。他出版的几部小说，从众多肯定的评论中来看，大多数读者也都是称赞他能够将人物的命运与生活中的故事糅合在一起。这些评价，也让安徒生开始对自己讲故事的本领自信起来。

安徒生清楚地记得童年时精神病院里的老太太们给他讲的故事，还有在采啤酒花时听老祖母和农民们讲的各种故事。

每一次听故事，小安徒生都听得特别认真，不漏掉一句话。她们讲的鬼故事，总是让安徒生又怕听又想听。这些童年时代听来的故事，也成为《老约翰尼的故事》等几篇童话的素材。

安徒生的童话也让他和孩子们结下了不解之缘，他成了孩子们崇拜的人物。他的眼睛总是放射出慈善、温柔的光芒，嘴角流露出幽默、欢快的笑容，两颊显得也很有生气。更重要的是，他始终保持着一颗美好的童心。孩子们既喜欢他的慈爱友善，也喜欢听他给他们讲的童话故事。

有一次，安徒生到诗人蒂勒家中去做客，看到蒂勒6岁的小女儿意达正在发愁地望着一束凋谢的花儿。

"我的小花儿真的死了吗？"意达眼泪汪汪地问安徒生，"昨天晚上，它们还那么美丽呢；可现在，它们却全都蔫了。是什么东西让它们变成这样了呢？"

说着，意达还用小手儿指了指那束凋谢了的花儿。

"亲爱的意达，它们是生病了。现在，就让我来告诉你它们是怎么生病的吧，"安徒生说，"你看，这些花儿昨天晚上去参加了一个舞会，一直玩到很晚才到家。所以，它们才累得无精打采的。"

"可是，花儿是不会跳舞的呀。"小意达惊奇地说。

安徒生觉得小意达的这个问题很有意思，同时也让他明白一个道理，那就是小孩子并不是好欺骗的。

于是，安徒生就抱起意达，将她放在沙发上，然后用一只手搂着她，即兴地给她编了一个非常有意思的故事，说花儿是怎样变成了一只只蝴蝶，彼此之间是怎样交往、怎样谈话的。

小意达听得简直入了迷。这是多么奇妙的故事呀！

此后，安徒生又将小意达的花儿的故事讲给其他孩子听，他们一样听得那么入神。后来，安徒生就将这个故事写成了童话《小意达的花儿》并念给孩子们听，孩子们还是百听不厌。

就这样，安徒生的童话故事都是先口头讲述给孩子们，然后再写成作品，同时还保留了口头讲述的语气及其他特点，令故事通俗易懂，读起来也是朗朗上口。

安徒生越来越觉得自己应该成为民间故事财富的继承者，他从现实生活中挖掘各类素材，然后再按照自己的方式，写出各种独具特色的童话故事。而且，安徒生还将长篇小说描写人物独特性格的手法，创造性地运用到了自己的童话故事创作当中。

这些故事短小精悍，生动有趣，并且富于哲理。而且，故事通过不同的人讲述出来，由于讲述人不同，讲故事的方式也会不同，这也令每个故事都各具特色。

虽然安徒生的童话很受孩子们欢迎，但哥本哈根评论界的大人们却对它们不屑一顾。有一份名叫《丹诺拉》的评论性杂志，居然劝安徒生不要在童话故事上浪费时间了。就连安徒生的好友爱德华·柯林都不理解他的做法：

"汉斯，你现在怎么糊涂了？难道你是返老还童了吗？"

只有奥斯特对此持不同的观点。他在安徒生的《即兴诗人》和第一部童话集出版之前，就对安徒生说过：

"您瞧着吧，《即兴诗人》会使您名闻遐迩，而童话将使您永垂不朽！"

童话《屎壳郎》写了一只皇宫马厩的屎壳郎要得到与皇帝的战马一样的待遇：钉上金掌。为此，他不惜长途游历，以证明自己与那匹马一样，是个不可小看的人物。就在他得意地认为自己梦想即将成真的时候，却被皇帝压在马鞍底下。这个故事告诉我们，大人物的上面还有更大的人物，因此不能骄傲自大、目空一切。

第十三章 从丑小鸭到白天鹅

历经风雨艰难的考验之后，才能换下稀疏的黄毛，成为高雅
的天鹅。

——安徒生

（一）

一直以来，安徒生都是非常信任奥斯特的。的确，童话给人们开辟了
许多新的、迷人的领域，童话可以表达人的痛苦、幻想与期望，其表现力
决不逊于抒情诗。何况，安徒生又十分善于描绘森林、山川、河流、大海
以及花草鱼虫等五彩缤纷的自然画面，这也令他创作的故事更加生动有
趣、栩栩如生。可以说，童话的内容是多方面的。

当时，当他的第一部长篇小说《即兴诗人》与第一部童话集《讲给孩
子们听的童话》同时摆在书店的橱窗里时，二者却有着完全不同的命运：
《即兴诗人》十分畅销，不断重印；而《讲给孩子们听的童话》却很少有
人问津。这令出版商对安徒生的童话集失去了信心。

但是，安徒生却对这些来自生活的作品充满信心。他对出版商说：

"一定会好起来的，请相信我，我对它寄予了相当大的希望！"

因此，第一部童话集所受到的漠视，并未令安徒生放弃童话创作，反
而激起安徒生在这条路上走到底、不达目的不罢休的决心。于是，随后就
有了第二部童话集的出版。

其实，真应该感谢那些批评安徒生创作童话的人。正是因为有了他们的批评，才令安徒生更加坚定了继续创作童话的信心。而且，安徒生还逐渐明白了一个道理：要想让孩子们读到自己的童话，必须首先征服那些成人。因为是成人把持着阅读的导向。如果成人不接受童话，童话被排斥在阅读书目之外，孩子们又怎么能够读到呢？

所以，安徒生在给一个朋友的信中这样写道：

> 我用我的一切感情与思想来创作童话，但同时我也没有忽略成年人。当我创作一个讲给孩子们听的故事时，我要一直都记得他们的父母也会在旁边倾听。因此，我也要给他们写一点东西，让他们一起思考。

安徒生的这一创作思想，在后来的许多童话中都有所体现。比如在《拇指姑娘》当中，安徒生所描写的拇指姑娘虽然身材微小，但却有着远大的理想、富有爱心、努力追求美好的生活。在这样的小人物身上，安徒生倾注了自己鲜明的情感，从而向读者展示了不断追求梦想的美好蕴涵。

在这样的故事中，可能只有成人才能领略到其中的蕴涵，但孩子却能读到有趣的故事。可以说，安徒生所创作的童话故事令成人与孩子都能有所收获。

尽管安徒生的创作意图非常美好而有意义，但这些出版后的童话却始终无人问津，这也给安徒生带来了沉重的打击，让他对自己的想法逐渐产生了怀疑：

"不如还是继续写小说吧，也许那才是一条正路。"

有那么几天，安徒生的脑子中总会闪着一个念头：为孩子们写一部小说，就以1830年为争取自由解放而献身的法国儿童的悲壮故事为题材。

可是，这是一件发生在法国巴黎的真实事件，自己没有亲身经历过，又缺少相关的资料，安徒生很难动笔。

这一次，安徒生又陷入了进退两难的矛盾境地。

（二）

1837年春，安徒生想起了自己在法国巴黎旅行的那个春天，那个早已埋藏在心底的对路易莎·柯林的"无言的爱情"被唤醒了。这段失败的爱情经历，也令他在不知不觉中想起了《亚哥纳德与人鱼》这部小说的女主人公亚哥纳德的遭遇——亚哥纳德在龙宫中生活多年，后来，她抛下自己的丈夫龙王与六个幼小的女儿来到人间。那么，她的几个女儿现在怎样了呢？

安徒生脑海里浮现出这样一个画面：六个小人鱼由祖母抚养长大，每个小人鱼都可爱美丽。在六个小人鱼中，数最小的那个最美丽了，她皮肤光嫩，像玫瑰的花瓣；她长着一双蔚蓝色的眼睛，就像是晶莹的湖水。六个小人鱼都喜欢听祖母讲故事，尤其喜欢听有关人类的故事。最小的人鱼更是对人世间充满了美好的幻想。在她长到15岁时，祖母给她带上一个用百合花编成的花环，每一个花瓣上都镶有一颗珍珠，然后让她把头伸出海面去玩。这样，她就能看到好多好多新鲜的事物，这些东西在龙宫中是没有的。而最令她感到高兴的是，海面的一条船上，住着一个英俊的王子。他长着一双大大的黑眼睛，漂亮极了。可是就在这天，海面突然刮起了大风，王子所乘的那艘船被打翻了，他掉入海里，就要淹死了。小人鱼连忙游过去，把他救了起来。她深深地爱上了这位王子。为了爱情，她甚至牺牲了自己的生命……

安徒生反复地思考着这个动人的故事，他打算扩展开来，将自己的许多体验也写入故事当中。当然，要写成一篇童话也不错，短小精悍、颇有韵味。

为了让创作更加成熟，安徒生特意写信给艾达·吴尔夫，请她为自己提一些意见。艾达很欣赏他的构思。后来，他又写信征求奥斯特的意见，奥斯特劝他写成一篇童话。

安徒生接受了奥斯特的建议，而且他本人对写童话也更有兴趣。这样一来，安徒生就不再犹豫了，他提起笔来，一气呵成，终于完成了一篇为他带来永久荣誉的童话。这篇童话就是《海的女儿》。

可以说，《海的女儿》是安徒生的一部心曲之作。在完成后不久，安徒生在给一位朋友的信中动情地道：

"在我的所有作品当中，《海的女儿》是在唯一一部在我创作时感动自己的作品。"

就在这时，安徒生收到了好友赫兹的信。赫兹告诉他，海伯格相当看好一位名叫巴露丹的青年诗人，认为他的才华在安徒生之上。赫兹认为，不论别人如何评价，他一直认为安徒生才是最有才华的。

"巴露丹只会拿出一些华丽的辞藻来取悦人，但他缺少一颗真正的诗人的心。"赫兹这样评价说。

这封信让安徒生又有了新的想法。其实，他早就想写一篇童话，用来讽刺那些只会吹捧、不学无术的坏风气。

于是，安徒生又用他那生花之笔，写了一篇关于一位虚荣的皇帝的故事。这位皇帝为了穿漂亮的衣服，不惜花掉所有的金钱，每个小时都要换一套衣服。有两个冒充裁缝的骗子，说他们能织出世界上最美丽的布，做出世界上最美丽的衣服。不过，那些不称职或愚蠢的人是看不见这件衣服的。他们把"衣服"做好后，叫皇帝脱下自己的衣服，换上他们做的新"衣服"。

"这衣服多好看啊！"大家都说，"多么漂亮的花纹！多么亮丽的色彩！……"

愚蠢的皇帝受骗了，在大臣们的簇拥之下，光着身子在街上游行。这时，有个天真的孩子说出了真情："可是，皇帝什么衣服都没有穿呀！"

这篇著名的童话就是《皇帝的新装》。

安徒生将《海的女儿》和《皇帝的新装》收入他的第三部童话集中，于1837年出版。这一次，安徒生吸取前两部童话集出版时的教训，为了引起人们的注意，给这本童话集写了一个前言，题为"致成年读者"。

在前言中，安徒生称他的童话不仅是给孩子看的，也是给成人看的。在他向成年读者进言之后，他又在结尾的部分写道：

"在一个小小的国度中，诗人永远是一个可怜的人，因此他特别需要追逐荣誉这只金翅雀。我们将会看到，我的这些童话所织成的网，是否能够逮住这只金翅雀。"

由此可见，安徒生对第三部童话集是否畅销还是很担心的。不过，安徒生还是流露出一种企图征服读者的愿望，准备为"童话的荣誉"战斗到底。

这一次，读者开始注意安徒生的童话了。第三部童话集的销量直线上升，出版商简直是眉开眼笑。而且，作品还出乎意料地受到了皇家剧院的青睐，一位名叫菲斯杰尔的演员还在舞台上朗诵了《皇帝的新装》，逗得观众们开怀大笑，不但楼座和池座里的观众笑得前俯后仰，就连皇家包厢里也不断传出笑声。作品中那个孩子的话——"他什么衣服都没有穿呀！"已经成为一句经典，让每个人都在这充满喜剧的气氛中领略到了辛辣的讽刺与深刻的寓意。现在，整个哥本哈根都知道这个光着身子的皇帝的故事了。

（三）

第三部童话集所获得的成功，让安徒生格外高兴，他已经很久没有这样开心地笑过了。从这部童话集也可以看出，安徒生已经吹响了向童话王国大进军的号角，大大地加强了在这条战线上作战的力度。

从这以后，安徒生的名字也飞向了北欧，飞向了世界，他的童话征服了孩子，也征服了成人。近两个世纪以来，他的童话伴随着一代又一代人成长。

在安徒生看来，孩子们有着他们自己所独具的宝贵才干，而这些却恰恰又是他们那些深明事理、老成持重的父母所欠缺的。在孩子们做游戏时，任何一件东西都是有生命的，都会做出一些有趣的事。比如：墙上的画为什么会微笑？挂钟的表情为何会那么严肃？……这些都可以成为童话的胚胎。

然而，要让它们获得永久的魅力，就必须注入一定的思想与感情——只有这样，人间生活的土壤上才能开出最美丽的童话之花。

在所有的童话当中，安徒生觉得，《小意达的花儿》、《拇指姑娘》和《海的女儿》"应该是我开始创作的三篇"，"因为获得了成功，立意后还要自己创作，1838年便出了《幸运的鞋套》这篇故事。它比以前的故事都要长一些。这年的圣诞节，又出了新一集的第一部，里面包括《雏菊》、《坚定的锡兵》和《野天鹅》三篇童话。"

其中，《坚定的锡兵》不仅是小朋友，也是成年人非常喜欢的一篇童话。而且不但丹麦人喜欢，外国人也很喜欢。德国著名诗人海涅曾满怀兴致地把它朗诵给妻子听。有一次，安徒生到德国旅游，去拜访海涅时，海涅接待他以后，高兴地对妻子说："我给你介绍一下，他就是《坚定的锡兵》的作者。"

读者的喜欢与朋友的鼓励，让安徒生写童话故事的劲头更大了。随后，他又写了几篇童话，并把它们编成新一集童话的第二部，其中包括《鹳鸟》、《天国的花园》和《飞箱》三篇童话，这部童话集于1839年出版。

在遇到好的题材时，安徒生也会写一些其他体裁的作品。比如，在一个偶然的机会，他读了一篇法文小故事《穷途潦倒的人》，深深地被其中的故事情节所吸引。于是，安徒生将这个故事改编成了一个剧本。

利用这个题材，并用当时流行的交替押韵诗的形式，安徒生写了一个名为《黑白混血儿》的剧本。

剧本写成后，安徒生将它念给几个对戏剧内行的老朋友和一些演员听，他们都很感兴趣。尤其是著名演员威廉·霍尔斯特，更是极力称道这部剧本。

1840年2月3日，在经过一番周折后，《黑白混血儿》终于上演了，并获得了巨大的成功。

随后，《黑白混血儿》被译成瑞典文，并在斯德哥尔摩上演。演出结束后，观众们同样报之以长时间的掌声。而且，游客们还把它介绍到瑞典的一些较小的城镇上演。

有一次，安徒生到瑞典隆德旅游，受到了当地人非常亲切、热诚的款待。一群年轻的大学生还为他举行了欢迎聚会，并隆重地授予安徒生一张荣誉证书。

《黑白混血儿》获得的这些热烈反响，是安徒生没有料到的。

在愉悦的心情下，安徒生又构思了一部新作。他准备采用《一千零一夜》的格式来写。故事的主人公是个贫苦家庭的孩子，住在一条狭小的巷子里，每天晚上都悲哀地站在窗前，打开窗户向外眺望，看着天空中皎洁的月亮。月亮也会每天出来探望这个孩子，告诉他自己每天晚上看到的东西。于是，孩子就将月亮告诉他的这些故事都画下来，一共画了33个月亮给他讲的事情。

在月亮讲给他的这些事中，第一夜讲的是印度发生的事，第二夜讲的是巴黎的事，第三夜讲的是德国的事……就这样，这些故事构成了一部美丽的画册，如同一颗颗色彩斑斓的小珍珠。

这篇童话就是《没有画的画册》。

1840年，《没有画的画册》一出版，就受到了孩子们的热烈欢迎，它也成为安徒生最受欢迎的作品之一。

很快，英国就出版了这书的两种译本，还将它变成了带画的书。在德国，这本书尤其受欢迎，出版的次数也最多，而且，德国作家冯·戈伦夫人还利用《没有画的画册》作为素材创作了她第一部传奇《美女》。

1841年，安徒生又到希腊、土耳其、瑞典、意大利等国家旅行，并将自己在旅途中的所见所感写成了一组童话，按国别分为九章，给它们起了一个总题目《诗人的市场》。

回国以后，安徒生就将这本书出版了，其中包括《钱猪》、《永恒的友谊》、《荷马墓上的一朵玫瑰》等童话。

这本书一出版，便在读者中广泛流传开来，并受到了丹麦知识界最著名人物的鼓励与褒奖。很快，书就又加印了几版，安徒生也因此而得到了一大笔稿酬。这本书很快便被译成德文、瑞典文和英文，并一直受到好评。

安徒生的新童话不断问世。1842年，新一集童话的第三部又出版了，其中包括四篇童话。

这虽然还远远不是安徒生童话创作的终点，但陆续出版的童话已经产生了越来越大的影响，安徒生的成就在国内外也已得到了公认。在自己的国土上，他已经获得并正在获得更多应该得到的一切。安徒生在自己的自传中写道：

"令人心神振奋的阳光射入我的心田，我感到欢欣鼓舞，并且充满了进一步朝着这个方向进步、大大提高本领的强烈愿望——即更加彻底地学习这类作品和更加专心地观察大自然的丰富源泉……"

这一时期，安徒生在创作童话故事时，构思越来越明确，笔锋越来越犀利，语调越来越娴熟，寓意也越来越深刻了。显然，此时的安徒生已经完全由一只丑小鸭成长为一只白天鹅了。

"就像一个人一步一步地、辛辛苦苦地攀上陡峭的山峰一样，我在自己的祖国向上攀登着。……我一生的酸甜苦辣，对于我的发展和命运都是必要的。"

后来，安徒生在自传中为自己这一阶段的成就作了这样一个小结。

→ **《野天鹅》讲述的是一个名叫艾丽莎的柔弱女子靠着勇气、决心和毅力，战胜了比她强大得多、有权有势的王后和主教，最终救出了被王后施用了魔法后变成天鹅的11位哥哥的故事。**

第十四章　与名人同行

当我还是一只丑小鸭的时候，我做梦也没有想到会有这么多的幸福！

——安徒生

（一）

安徒生的剧本《黑白混血儿》上演时，女主角是由海伯格的夫人出演的。因此当安徒生从国外旅游回到哥本哈根后，海伯格见到了安徒生，笑容可掬地对安徒生说：

"我很快也准备到瑞典去旅行呢，如果能有幸能与您同行的话，我也能沾您点光。"

"这话是什么意思呢？"安徒生故意天真地说，"您最好还是陪您的夫人一起去吧，她誉满而归，您自然就沾到光了。"

海伯格气得脸色煞白，很不高兴地走开了。

安徒生知道，自己的回答尽管机智，但却得罪了海伯格。而得罪了他，自己是不会有什么好果子吃的。

果然，在《黑白混血儿》走红之际，安徒生又写了一部剧本，名为《摩尔夫人》，结果遭到了海伯格毁灭性的批评，海伯格的夫人也拒绝再次出演。

这令安徒生的心情十分沉重，他需要马上躲开两件令他痛苦的事：一件是《摩尔夫人》不能上演的郁闷，另一件就是路易莎·柯林与律师林德的婚礼！

安徒生决定再次到国外旅行。

这时的安徒生已经养成了一个习惯，就是一旦在国内感到不愉快，就出国旅行。这也不是完全为了回避现实，而是安徒生感觉没有必要将自己的时间与精力耗费在那些无聊的事情上。而且，每一次的出国愉快旅行也都在深深吸引着他。

这一次，当安徒生经过比利时，进入法国的时候，已经是春天了。田野间长满了嫩绿的小草，温暖和煦的阳光照在身上，让人的心里暖呼呼的。

到了巴黎后，安徒生在国民图书馆对面的一家旅店中住了下来。

维克多·雨果、大仲马、巴尔扎克、海涅等一些大文豪听说安徒生来到巴黎，都对他表示十分欢迎。

著名作家雨果专门邀请安徒生到法兰西剧院观看了他正在挨骂的悲剧《卫戍官》。每天晚上，这出戏都会在一些较小的剧院演出，并遭受观众的批评。这也让安徒生懂得了，大作家的剧作有时也难免挨骂。从此以后，当国内再有人批评他的作品时，他就不那么在意了。

安徒生还亲自去拜见了大仲马。大仲马的生活习惯总是比较特殊，他每天总是与纸、笔、墨水等躺在一起，也在这堆物品中写他的新剧本。

一天晚上，大仲马带着安徒生到"皇宫"剧院拜访了几个法国演员，同他们认识了一下后两人一起漫步到圣马丁剧院。

当时一大群演员正在换衣服、化妆，大仲马就领着安徒生从嘈杂的人群中穿过去，就像走过《一千零一夜》中的海洋一样，到后台愉快地参观。

当他们沿着大街回家时，遇到了一位青年男子。

"这是我的儿子，"大仲马向安徒生介绍说，"他是我在22岁时出世的，今年他已经是我那时的年龄了。不过，他还没有儿子。"

就是在这样有趣的介绍中，安徒生认识了小仲马。后来，小仲马也成了一名著名的作家。

几天后，安徒生又在朋友布卡姆伯爵夫人的家中认识了巴尔扎克。这位法国大文豪衣着整齐，举止文雅。这时，一位女士抓住了巴尔扎克和安徒生，拉他们一起坐在一张沙发上，然后她自己坐在他们中间。

"你们看，我坐在你们中间是多么渺小呀，这正显示了你们的伟大！"

安徒生回过头，视线穿过她的背后，与巴尔扎克微带讥讽的笑脸相遇。巴尔扎克半张着嘴，然后以一种奇妙的态度噘了噘嘴。这就是安徒生与巴尔扎克两人的第一次正式会晤。

在巴黎，安徒生再一次见到了老友海涅。这时，海涅已经结婚了，海涅和妻子对安徒生的态度都非常友好、自然。在他们家中，有一群孩子正在与他们夫妻二人一起玩。海涅幽默地说：

"这些都是从邻居家借来的孩子，没有一个是我们自己的。"

海涅还从自己最近写的诗中挑选了一首抄出来赠给安徒生。

在巴黎，爱迪生到处都受到友好的款待，人们对他的作品也都十分推崇。那些在丹麦被骂得一文不值的作品，在这里却得到了深深的赞赏。人们不仅把安徒生看作一位诗人，更把他看作一位名人，还推崇他为本世纪的大文学家。

"这么崇高的礼遇，我能够担当起来吗？我的作品真的这么伟大吗？"

安徒生静静地反省了一下自己，感到脸上火辣辣地燥热起来。天生胆怯羞涩的性格，让他觉得有点不好意思起来。

（二）

第二年，安徒生开始到德国旅行。这时，他在海外的活动达到了最高潮。

安徒生刚一到威玛尔，就有皇家马车专程到旅馆来迎接他。车上还坐着传记作家埃克尔曼和老宰相米勒尔两人。

原来，是王室的沙克逊大公与大公夫人邀请安徒生去进餐。

安徒生坐在马车上，愉快地欣赏着周围美丽的森林与耸立在山坡上的爱托斯堡。

正当安徒生看得出神时，一位英俊潇洒的青年在树荫下招呼马车停下来。随后，米勒尔下车，向青年介绍了安徒生。青年热情地与安徒生握手。

安徒生不认识这位青年，感到很奇怪，就问米勒尔他是什么人。

"他是太子卡鲁尔·亚历山大。"米勒尔向安徒生介绍说。

安徒生听完，简直是惊喜异常。

车子到达王宫后，安徒生又与卡鲁尔以及他的父亲亚历山大大公和大公夫人见了面。

卡鲁尔夫妇在招待安徒生吃完晚饭后，便陪同他到爱托斯堡村进行访问。村里人听过爱徒生来了，都聚集在一起，拉着小提琴，兴高采烈地载歌载舞欢迎他。

这时，卡鲁尔太子指着一棵大树，对安徒生说：

"我相信，几十年或几百年后，你的名字也一定会刻在这棵大树上面。"

原来，这棵大树上刻着歌德、雪莱和威兰德三位大文豪的名字。

安徒生听了卡鲁尔太子的话，非常感动。他想：

"我要到什么时候，才能与歌德、雪莱和威兰德三位文豪一样，名垂千古呢？"

1844年，安徒生从德国回到哥本哈根，随即便收到了丹麦首相兰茨·布雷腾伯伯爵的来信，称正在菲英岛度假的丹麦国王与王后邀请安徒生一同来度假。

国王与王后的厚待，让安徒生倍感荣幸，他愉快地接受了邀请。

安徒生马上动身赶往菲英岛。国王克里斯蒂安八世与王后提前准备了宴会并为安徒生预留了座位，还亲自为安徒生安排了住所。

在菲英岛度假的整个期间，安徒生都是与王室一家一同进餐的。如此殊荣让安徒生感觉自己过去所遭受的一切痛苦和磨难都是值得的。这也仿佛证明了他来哥本哈根前对母亲所说的话：

"尘世间的显贵与财富，都摆脱不了艰难与痛苦。"

9月6日，是安徒生来哥本哈根25周年的纪念日，国王与王后为他举行了盛大的庆祝宴会，并且关切地询问安徒生这25年来的生活情况。

安徒生简要地向国王谈了自己的情况。当国王得知安徒生的收入不高时，第二年就为他增加了年薪，以便安徒生可以更加体面而专心地生活和创作。

菲英岛的度假结束后，王后还赠送给安徒生一枚贵重的戒指，作为他们在菲英岛共同度过美好时光的纪念。

从这以后，国王和王后就一直关注着安徒生的生活与创作情况，这给予了安徒生极大的鼓舞与鞭策。

第二年的4月2日，国王和王后又特别邀请安徒生与他们一起吃饭，为安徒生庆祝生日，以表达对安徒生的关心与支持。

在给安徒生的生日纪念册上，国王写了这样的祝词：

靠充分发挥的才能获得的光荣地位要比恩宠与礼物更有意义。

请记住这些话！

你的亲爱的克里斯蒂安·R

王后也为安徒生写下了体面而珍贵的祝词。

国王与王后的重视与厚待，让安徒生感觉到无比的幸福与光荣。此刻的安徒生觉得自己简直就是世界上最幸福的人！

1847年5月，安徒生又从哥本哈根出发，经过德国、荷兰、法国到达英国。

在到达英国的第二天上午，安徒生就去拜访了丹麦驻英国大使雷文特洛伯爵。安徒生希望能够通过大使的关系，多认识一些英国文艺界的朋友。

雷文特洛大使告诉安徒生，他和他的作品早已为英国所熟识。就在当天晚上，帕默斯顿勋爵就要举行一场精彩的舞会，并准备邀请安徒生前往参加。

晚上，雷文特洛大使带着安徒生参加了舞会。舞会上聚集了英国身份最高的贵族，他们对安徒生的到来都表示了热烈的欢迎。尤其是查尔斯·狄更斯，在与安徒生相识后，不久他便亲自到安徒生的住所去拜访，还将他所有插图精美的作品都送给安徒生，以表示对安徒生的敬仰。

这次旅行回国后，安徒生写了一本新童话，并在圣诞节前出版了。安徒生将这部新童话送给了英国的朋友，并在书中题词：

"向我的英国朋友们致以圣诞节日的祝贺！"

（三）

安徒生在成为名人之后，以诗交友、以文交友、以名交友便成为一条不成文的定律。不论走到哪里，他都会受到热烈欢迎和盛情款待。他还清晰地记得与瑞典著名女歌唱家珍妮·林德的初交情况。

那是发生在1840年的事。

有一次，在哥本哈根的住所中，安徒生从一位瑞典客人的名单中第一次见到了珍妮·林德的名字。这一年，安徒生在访问瑞典期间也受到了瑞典人的盛情接待。当时，他也去拜访了这位享有"瑞典夜莺"美誉的年轻歌唱家。珍妮·林德对安徒生很有礼貌，但表情却相当冷淡。所以，她当时给安徒生留下的印象并不深，安徒生也很快就把她忘记了。

三年后，即1843年，珍妮·林德来到了哥本哈根，希望能够在皇家剧院演出。这次，珍妮的一位朋友找到了安徒生，说珍妮曾读过他的作品，对他的作品评价很高。这位朋友希望安徒生能与她一起去见见珍妮，劝说珍妮在皇家剧院演几个角色，让哥本哈根人能够听听她那美妙的歌声。

其实，珍妮当时很想在哥本哈根皇家剧院演出，但又没有一点把握，用她自己的话说，她除了瑞典的舞台外，还没有任何国外演出的经验。

这次，读过安徒生作品的珍妮·林德在接待安徒生时与上次完全不一样了。刚一见面，她就热情地向安徒生伸出手来，紧紧地握着他的手，与他谈论他的作品，还谈到她的小说家朋友布雷默女士。然而，当安徒生将话题转到请她到皇家剧院演出的问题上来时，珍妮却比较犹豫。

安徒生见状，便鼓励她说：

"我没有听过你的表演，不便妄加评论，不过，在哥本哈根，只要有中等水平的嗓音和演技就可以获得成功，何况你！你一定能够获得意外的成功！"

在安徒生的劝说和鼓舞下，珍妮同意了。结果，她在哥本哈根的演出异常成功。她那富于青春活力的嗓音扣人心弦，洋溢着深厚的情意与才华，有一种别具一格、令人神往的东西，甚至令整个哥本哈根都为之倾倒。丹麦的学者们还破例地为她奉献了小夜曲，给她以最高的荣誉。

对于哥本哈根观众的热情，珍妮感动得哭了。她不断地答谢道：

"我一定要努力，我一定要努力！当我再次来到哥本哈根时，我会为大家奉献更多的节目。"

在舞台上，珍妮是一位伟大的艺术家；然而在台下，她却是一位十分普通、敏感，甚至有点孩子气的年轻姑娘。艺术上的巨大成就与平易近人的平民风格，使珍妮像一块巨大的磁石般吸引了安徒生，甚至令安徒生为之疯狂。

安徒生在欣赏珍妮无与伦比的艺术才华的同时，更欣赏她在成功之后仍然保持自己的个性：一个聪明的孩子般的性情以及对贫穷弱小发自内心的同情。

有一次，珍妮听说有个团体通过募捐的方法来筹集资金，用来帮助那些因受父母虐待而沦为乞丐的不幸的孩子们，她就举行了一次募捐演出，然后将票价收入全部捐出来。当有人告诉她，这笔钱可能会令孩子们受益很多年时，她顿时高兴得热泪盈眶。

珍妮的善举让安徒生十分感动。出身穷苦家庭的安徒生简直太理解这一善举的意义了，他也因此而对珍妮更加敬重。珍妮那圣洁的心灵让安徒生第一次对艺术与生活有了更清晰的理解，在他过于灰暗的心灵中射入了更多灿烂而温暖的阳光。安徒生觉得，自己又一次坠入了情网。

这一年的秋天，珍妮再次在哥本哈根做了表演，同样大获成功。她在舞台上向观众淋漓尽致地展示了一位在战场上成长起来的天性纯真的女孩子的形象，那高尚的天性渗透在她的每个动作之中；而在家中，珍妮却始终保持着自己的个性：聪明、天真、率直，充满了孩子气。

在回瑞典前，珍妮特意举行了饯行宴会，以感谢所有人对她的支持与关爱。她特别走到安徒生面前，举起一杯香槟酒，微笑着对安徒生说：

"我非常感激您对我的关照，我希望能够在哥本哈根有一位兄弟，您愿意做我的兄弟吗？"

这显然是与安徒生的期望相差甚远的，但他还是微笑着点了点头。

没能当面向珍妮表达感情的安徒生，在珍妮离开后，选择了用书信的方式向珍妮倾诉自己的情感。但是，珍妮却没有给他任何回答。

两年后，安徒生在伦敦又拜访了在那里演出的珍妮。虽然安徒生仍然在执著地追求着自己的爱情理想，但事实上，他依然是一厢情愿。

1845年冬天，安徒生的作品再次遭到哥本哈根一些人的嘲笑与攻击。为了摆脱烦恼，他来到了柏林。珍妮恰好也在那里，安徒生非常希望此时能够得到珍妮的安慰与鼓励。尽管珍妮还是热情地接待了安徒生，但安徒生却明显感觉到两人之间那种亲密与默契已经没有了。

仅仅交谈了半个小时，珍妮就礼貌地起身告别了。安徒生知道，自己的这一次恋情又失败了。

尽管如此，珍妮对安徒生创作的影响，以及她给予安徒生的内心抚慰，依然令安徒生一生都难以忘怀。他在自传中这样写道：

"对于我成为诗人，没有任何书、任何人比珍妮·林德的影响更好、更崇高的了……在我的经历中，我幸运地发现，由于我对艺术和生活有了更清晰的理解，便有更多的充沛的阳光射进了我的心田。"

第十五章　事业的巅峰

对任何歌者来说，聆听者眼中的泪水是最好的报酬。

——安徒生

（一）

1846年，安徒生出版了好几部作品。比如，自传《我的一生的童话》的第一个版本，抒情剧《小吉尔士敦》以及新童话的第二集和第三集。其中，第二集收录了《枞树》和《白雪皇后》两篇童话，第三集收录了《红鞋》、《牧羊女和扫烟囱的人》、《丹麦人荷尔格》等五篇童话。

安徒生的童话创作道路已经越走越宽广了。而他的童话也好像插上了翅膀，飞遍了五湖四海，而且还传到了大洋彼岸的亚洲和拉丁美洲等地。

那么，安徒生为什么要将自己的自传标题起为《我的一生的童话》呢？

原因是这样的：出版商洛克准备出一本安徒生的选集，但选集前需要放一篇作者的传略，而这篇传略还要以童话的形式写成。于是，安徒生就打算自己亲自来写这个传略。这就是他自传的第一个版本的来源。

后来，安徒生将《我的一生的童话》的内容进行了补充，形成了一部长达30多万字的自传作品。这部作品不但记载了他一生的经历与感受，还涉及了一些同时代欧洲文学艺术界的情况。通过这部作品，安徒生的形象在时代环境下也更鲜明地呈现在我们面前了。

在这部自传式的童话作品集中，作者安徒生以妄自尊大、骄傲地挺起肚子的补衣针为主人公，写了一篇名叫《补衣针》的童话。正像多瓦尔先生说的那样，安徒生随便拿一个什么东西出来，甚至拿一根简单的补衣针，也能写出一个有趣的童话来。

其实，安徒生不仅能拿补衣针写童话，还能拿影子写童话呢。伴随着明快格调的《我的一生的童话》，还包括一篇调子忧伤、痛苦的童话《影子》。

这部童话主要写了一位学者，因为追求真、善、美而导致贫困潦倒，最终死在监狱中，成了狡猾影子的牺牲品的故事。

由此可见，安徒生所写的童话也并不都是优美的，也有很多充满了忧伤和痛苦。

在《我的一生的童话》这部作品中，安徒生还讲述了这样一件事。他说：这件事本身是毫无意义的，但那颗在我头上照耀的福星却给了我新的启示，告诉我什么叫渺小，什么叫伟大。

那是在那不勒斯旅行期间，安徒生买了一根很普通的手杖，这根手杖是用棕榈木制作的。在旅途中，安徒生一直都将这根手杖带在身边。就这样，这根手杖随他到了苏格兰。

有一天，安徒生与朋友一家驱车外出游玩时，朋友家的一个男孩拿着这根手杖玩耍。在苏格兰的洛蒙德湖边，这个孩子举起手杖大声喊道："你看见最高的苏格兰山了吗？你看见那儿浩瀚的海了吗？"

不久，他们就离开了这个地方。在坐船远行的时候，这根手杖失落在了旅馆里。

安徒生以为这根手杖从此就丢掉了，可是后来当他在爱丁堡期时，有一天早晨，他站在月台上等待去伦敦的火车。就在这时，从北边开来的火车停了下来，因为去往伦敦的火车几分钟后才开动，一位列车员从北边开来的火车上走下来，并一直走到安徒生面前，向安徒生递过来一根手杖。

安徒生惊讶地接过这根手杖，看着列车员。列车员微笑着，好像早就认识他一样，对安徒生说："这手杖单独旅行得很好啊！"

安徒生低头看了看手杖，只见上面系了一张小标签，写着：

"丹麦诗人，汉斯·克里斯蒂安·安徒生！"

原来，当有人知道这是安徒生丢失的手杖后，就专门周到地在上面系了一个这样的小标签。就是凭着这个小小的标签，这根手杖从一个人之手转到另一个人之手，从洛蒙德湖上的轮船，转到其他轮船上……最后，它又转到火车的列车员手中。而现在，又碰巧在开往伦敦的火车发出开车信号的几分钟内，又重新回到了主人安徒生的手中。

这根手杖的奇遇足以说明安徒生活在人们的心中，人们是多么的热爱安徒生啊！

而这时，也正是安徒生事业和生命最为辉煌的巅峰时期。

（二）

1847年12月，安徒生的新童话集又出版了。他迫不及待地给英国大作家查尔斯·狄更斯寄去了一部，并且还附带了一封短信：

我又回到了安静的丹麦家中，可是，我每天都在思念亲爱的英国。在那里，许多朋友几个月前为我把现实变成了动人的故事（指在英国各地旅行和英国人民给予他的荣誉）。

在我忙于创作一部伟大的作品时，我又有了七篇童话的构思。我感到，有一种强烈的愿望缠绕在我的心中，我要将我的诗歌园中的第一批成果移植到英国，作为献给我的朋友圣诞节的祝贺。因此，我把它寄给您，亲爱的卓越的狄更斯……

在英国海岸上，是您的手最后一次紧握了我的手，最后一次向我挥手告别。所以，我应该再次重新从丹麦向您致以第一次问候，至诚地献上我深情的心意。

很快，狄更斯就给安徒生回了一封信：

> 亲爱的汉斯，多谢您在圣诞节期间给予我友爱的、极其宝贵的回忆，我深感荣幸。
>
> 您的书使我们一家的圣诞团聚变得十分愉快，全家都为此而陶醉。书中的小孩、老人和锡兵都是我特别喜爱的人物。
>
> ……
>
> 以后不论您做什么工作，都不要停止写作，因为您的作品的思想太真实、太美好了，不要让这些思想只保存在您自己的头脑里。
>
> ……

读了这封信，安徒生高兴得简直是手舞足蹈。

在这一时期，安徒生所创作的童话中的人物都充满了矛盾，甚至毕生都在探索有关真、善、美的道理，而这也是安徒生自己的思想不断发生转变的表现。对一些人的同情和对另外一些人的鄙视以及对人间各种复杂问题的探索，他都在孜孜不倦地寻找着答案。

这样的创作也让安徒生逐渐冷静下来，因为他从成就的顶峰所看到的，不仅仅是为祝贺这位童话作家而编成的花环，所听到的，也不仅仅是悦耳动听的赞扬声。

此时的安徒生虽然已经是个名人了，可谓功成名就，也有了属于自己的财富，但是，他仍然在用平民百姓的眼光来看待世界。

在贫民区中生活的人，成年人由于经年累月地不停劳作而累弯了腰；孩子们则长年生活在破旧不堪的草棚里，精神萎靡、面黄肌瘦，苦难和罪恶正在扭曲着他们原本纯洁高尚的灵魂。

当然，这种扭曲表现在富人眼中，就会显得更加丑陋和罪恶。它不是因为苦难，而是因为富贵。

安徒生非常理解这些穷人的苦难经历和感受，因为他的童年几乎就是这样度过的。为此，他的努力也来自这些穷人们心中所渴望的力量。与此同时，他的弱点也就是这些穷人的弱点。他幸福与否是与这些人的幸福分不开的，他一生的童话也自然就是他们一生的童话。

在安徒生的童话当中，神仙鬼怪、动物植物等从来都是和谐地生活在人类的日常生活之中，这不仅加强了童话的诗的气氛，也很有助于嘲笑人间的各种时弊恶习。他作品中的神仙、魔鬼、巫婆、仙女以及花朵、鸟儿、小鸭子等等，也都像人一样，有情感、有思想、有需求，各种喜怒哀乐交织在一起，活生生地生存着。

安徒生将自己的思想和情感都倾注在这些童话的主人公身上，比如海的女儿、丑小鸭、白天鹅、灰色的夜莺等等。但有些时候，作品的主题要求主人公不是一个动物、一朵花、一个玩偶，而是一个有血肉、有思想、有情感的人。而且，这种故事还经常是一些结局悲惨、令人伤感的故事，它所描述的往往是贫困、孤独、痛苦和死亡。

比如，在《卖火柴的小女孩》中，那个卖火柴的可怜小女孩最终死掉了，死在离暖和的火炉、离那只烤鹅仅仅只有两步远的地方。最终，她也没能等到哪位神灵出现在她的面前，留住她那美好的生命。

然而，在火柴的最后亮光之中，小女孩仿佛看到死去的祖母将她带入了天堂。但这只是幻觉，这种幻觉无论如何都不能够消除人们对死亡的恐惧。

再比如在《母亲的故事》这篇童话中，童话的女主人公是一位母亲，她纯朴而贫寒，死神将她唯一的孩子带走了。为了找到孩子，她在茫茫黑夜，冒着风雪去寻找。为了问路，她把自己的眼睛献给湖泊，她把即将冻死的荆棘放在胸膛温暖它们，让它们长出新鲜的绿叶。

最后，为了拯救自己的孩子，她还用自己美丽的黑头发与看坟的老太太换了一头雪白的银发……

这个故事，让我们看到了富于自我牺牲精神的母亲的伟大与神圣。但是，安徒生并没有给这个故事一个美好的结局，因为童年的种种经历又出现在他的脑海当中。最终，这位可怜的母亲只能听从"上帝的意志"。而这也是符合生活现实的，穷苦人世代都要受苦受难，是不可能超越"上帝做主"这样的信仰的。

当安徒生在创作这篇充满忧伤的童话时，对母亲的思念之情也油然而生。在想到自己母亲的伟大形象时，他写起来也是感情充沛，非常投入，从而令这个故事读起来催人泪下，感人至深。

（三）

1849年，安徒生又创作了一部童话《亚麻》，同时还发表了一部童话剧《比珍珠和黄金更珍贵》。

不久后，这部童话剧就在俱乐部中演出了，而且大获成功。俱乐部中共有2500个座位，在系列的演出当中，全部的戏票顷刻间就倾售一空。这出戏不仅孩子们喜欢看，就连大人也都争着去看。可以说，从上层到最底层的各阶层人民都喜欢这出戏。这样的结果，也让安徒生获得了极大的满足。

他在后来的自传中说：

"当我考虑创作讲给孩子们听的童话时，我想象他们的父母也会在旁边听的，因此我在童话中也应写一些供他们思考的东西。"

所以，安徒生的童话作品都会在每个孩子能懂得的情节后隐藏供成年人琢磨的、更为深刻的寓意，以及通常只有成年人才能领悟到的智慧、生动机敏的幽默和尖锐的讽刺。

第二年，安徒生又创作了一部童话喜剧《北方梦神》。它所表现的主题，是健康、耐心和灵魂的宁静远比金钱的价值高。

这部童话喜剧也很快获得了上演资格，而且戏票也是一售而光。然而，演出过程却是此起彼伏。由于这出童话剧是用诗的形式写的，所以在第一幕开演时观众没能领会，剧院内一片混乱；第二幕开演时，人们开始讥笑起这部剧来；而第三幕开始时，几个观众干脆就走了。

但是，剧场里接下来就安静下来了，观众们开始聚精会神地听下去，生怕漏听一点内容。剧刚一结束，全场就响起激烈的喝彩声，每位观众都长时间地热烈鼓掌。

这出戏连着演了好几个晚上。有一天，演出结束时，一位穷工匠泪眼汪汪地抓住安徒生的手，使劲地摇着说："谢谢你，诗人安徒生，这是一出多么神圣的喜剧啊！"

对于安徒生来说，没有什么能比穷人朋友的这种赞誉更令他感到激动和满足了。

其实，安徒生的大部分诗歌和童话都来自于外界的环境。他很善于以一种诗人的眼光去深入观察生活和周围的大自然，这样也能够不断发现生活中的美、创作出独特的童话故事及诗歌等。

1851年春季的一天，阳光和煦，春风拂柳，安徒生遛出城外，到一位住在普雷斯特湾的老朋友家里拜访。安徒生发现，那里的年轻人都很希望鹳鸟能在他们屋顶上筑巢。

"等我下次来时，"安徒生开玩笑地说，"鹳鸟也会来的。"

不久后，安徒生又在一个清早来到这里。果然，两只鹳鸟飞来了，忙碌着在屋顶上筑起巢来。

这一年，鹳鸟时常飞来飞去。按照当地迷信的说法，这预示着安徒生也即将要远走高飞去旅行了。

不错，安徒生果然又出去旅行了，不过只是去了瑞典，旅途很短。

瑞典是安徒生多次前往旅游的地方，那里的一切都给他留下了深刻的印象。后来，安徒生将他脑海中的一组组画面或印象写成了一篇篇的童话，其中有一篇名为《麦秸的话》的童话。这篇童话，是安徒生根据当时的一件真事创作而成的。

有一天，安徒生到花园中散步，看到一群年轻的姑娘围坐在花坛上。她们的手中都拿着四根麦秸在玩。她们把麦秸的末端都两根两根地编织在一起，据说，当这四根麦秸全都这样编成一个整体时，编织人的愿望就能够实现。而且，她们还热情地请安徒生也来试一试。

安徒生虽然不相信这种迷信的说法，但还是拿了四根麦秸编起来。他说，如果他能编成一个整体，他就把自己的愿望告诉给这些姑娘们。

安徒生将麦秸打了个结，一张开手，四根麦秸果然合在一起了！

这时，安徒生忽然不自觉地满脸通红，甚至开始变得迷信起来了，违反科学地相信了这件事。

"我的愿望是希望丹麦大捷，并且很快能够获得光荣的和平。"安徒生说。

原来，在1848年爆发的欧洲大革命期间，丹麦也未能幸免地卷入其中，整个丹麦都充满了战争的气息。哥本哈根的民众纷纷走上街头，举行各种群众性集会。

这一年的1月20日，丹麦国王病逝，新国王即位。1月28日，新国王公布了丹麦新宪法。

新宪法首先解决的就是丹麦当时混乱的民族问题。按照国内自由派的主张，霍尔斯坦公国可以获得一些独立权，但丹麦与德国居民杂居的什列斯维希地区，必须划为丹麦的一个省。霍尔斯坦公国与什列斯维希公国以埃德尔河为界，一直以来都有着紧密的联系。因此，丹麦的自由派便喊出了"丹麦以埃德尔河为界"的口号，结果遭到两个公国的一致反对。

公国分别派出代表向国王上书，表示希望不要将这两个地区分割开，而且还希望能有各自的宪法。

国王拒绝了两个公国的要求，于是两个公国的王公决定以武力解决问题。战争就此爆发了。

在丹麦人眼中，这两个公国的起义无疑是暴乱，因而也难得民心，暴乱很快就被"平息"了。

然而，对这两个公国怀有野心的普鲁士在起义军大败时，派出了一支救援军队出来干预，公然支持两个公国的军队。

很快，普鲁士军队就占领了什列斯维希和日德兰半岛的一部分。后来，普鲁士与丹麦签订了和约，丹麦军队于1849年7月歼灭了两个公国的军队。

战争虽然结束了，但什列斯维希—霍尔斯坦的问题仍旧没有得到解决。

安徒生从心底厌恶战争，也反对用武力来解决国家之间的争端，时刻都流露出对和平的热切期望。

"我是多么希望战争可以尽快结束，多么想看到每个人都能获得自由，都致力于团结和友谊。"安徒生在给爱德华·柯林的信中这样写道。

在给艾达·吴尔夫的信中，他说，战争就是一只"吸吮人类鲜血、吞食燃烧的城市的极其可恶的怪兽"。

所以，当安徒生在花园中将麦秸达成结后，他说出了"希望丹麦大捷，并且很快能够获得光荣的和平"的愿望。

而那一天，碰巧传来了弗雷德里西战役胜利的捷报。麦秸的预言真的实现了！

除了《麦秸的话》外，安徒生还根据瑞典的印象写了《凤凰》、《祖国》、《一个故事》、《演木偶戏的人》等著名的童话。他把这些童话编成了一个故事集，取名为《在瑞典》。这本书于1851年出版。

后来，安徒生在他的自传中曾谈到《在瑞典》这部作品，认为它比他的其他任何一部作品都能表现他自身的最大特征：对大自然的美妙、幽默、抒情的描写，有如抒情散文一样。

（四）

从1852年起，安徒生开始以《故事集》为书名来出版他的童话故事。

安徒生认为，在丹麦的民间语言中，"故事"一词既可指充满奇幻的童话，也可以指普通的故事。这其实也是在强调，他不希望把自己的童话读者局限在孩子们身上，而更希望大人们也能接受并喜欢阅读他的童话。

安徒生出版的第一部《故事集》包括《一年的故事》、《世界上最美丽的玫瑰》、《城堡上的一幅画》、《最后的一天》、《完全是真的》以及《好心境》等六篇童话。

1853年，他又出版了第二部《故事集》，其中收入了《伤心事》、《各得其所》、《柳树下的梦》、《小鬼和小商人》以及《一千年以内》等五篇童话。这一年，他还补充增订了《我的一生的童话》这部作品。

对于以《故事集》的方式出版的童话，有些读者觉得内容不如以前的童话有意思了。但这些读者可能没有注意到，这个时期安徒生创作的童话故事已经具备了一些新的特点。

在英国出版的《雅典庙宇》杂志中，对安徒生出版的《故事集》有这样一篇评论：

"在离奇、幽默和亲切感等方面，安徒生的童话是无与伦比的。让那些要求为我们的断言拿出证据的人读读这部作品中的《毫无是处》、《伤心事》、《柳树下的梦》、《完全是真的》等故事吧，让那些指责这些故事是小玩意儿的人也试着创作一篇如此完美、精致和有启发性的作品吧！这些故事的篇幅虽然很小，且大部分都是写琐事和平凡的爱的，但它们却是真正的艺术作品。就其本身而言，它们应该受到所有热爱艺术的人的热烈欢迎。"

　　1854年，安徒生又到维也纳、威尼斯等地旅行。之后，他又到了德国，为他的全集进行大量出版前的准备工作。不久以后，由彼得森插图的故事集便出版了。这部故事集除了包括以前出版过的许多童话之外，还收入了很多新写的童话，如《她是个废物》、《依卜和小克丽斯汀》、《光荣的荆棘路》等。

　　从1857年起，安徒生又出版了八部故事集，几乎是每年出版一部，有时一年甚至会出两部。另外，他还以单篇的形式发表了一些童话。在1871年到1873年间，他又出版了一批童话集。安徒生一共写了164篇童话，为世界文学做出了杰出的贡献。

　　在这期间，安徒生已经是享誉天下了，无数的光荣勋章、荣誉称号、庆祝活动，无数赞扬他的文章，作品再版过无数次……可以说，数不尽的荣誉从国内外接踵而来！

　　在西班牙和葡萄牙旅行期间，各种尊敬与赞美也雨点般落在安徒生这个被别人誉为"童话之王"的人身上。就连陪同安徒生的约那斯（爱德华·柯林的儿子）都因为疲于应付这些荣誉而抱怨起来。

　　年轻时代的安徒生那么急切而执著地要出名，为获得别人的承认而拼命搏斗，可是现在，他的名声越来越大了，他获得的荣誉越来越多了，安徒生却"越来越有一种虚幻的感觉，越来越相信荣誉和名望是无足轻重的事"。这是他在给爱德华·柯林的一封信中说的话。安徒生觉得，要是能够重新变成一个赤脚的小孩，重新去征服世界，那该多好呀！

第十六章 荣誉市民

凡是能冲上去的，能散发出来的焰火，都是美丽的。

——安徒生

（一）

1855年4月2日，在50岁生日这天，安徒生完成了30万字的自传《我的一生》。

其实在这部自传之前，安徒生的很多作品都带有明显的自传色彩，如长篇小说《OT》和《只不过是个小提琴师》、童话《丑小鸭》等。而且，早在27岁时，安徒生就开始写自传了，只是一直没有发表。这部自传的原稿直到安徒生去世后的50年，即1926年，才被人们发现，现在这部稿子就保存在丹麦国家图书馆中。

1847年，安徒生写了《我的一生的童话》，就是他的自传的第一个版本。后来，他在1853年出版的第二部《故事集》中，收入的童话《柳树下的梦》也有一些自传的成分在里边。

这部童话写的是一对青年男女纯真的爱情故事，是一篇用白描手法写成的童话故事，但事实上，这篇故事已经没有太多的幻想和想象的成分了，而是作者对现实生活的真实体验。从这篇童话中，读者也能发现安徒生自身经历的一些影子。

《柳树下的梦》受到欢迎，也让安徒生产生了这样一种感觉：凡是以自己的生活经历为素材创作的作品，不论是小说、戏剧，还是童话故事，都可以引起读者的共鸣。

看到自己在国外很畅销的《我的一生的童话》，安徒生心动了，他想在国内也出版一本传记。于是，从1853年秋天开始，安徒生就开始在《我的一生的童话》的英文版和德文版的基础上，着手创作回忆录《我的一生》。最终，这部作品在1855年安徒生50岁生日这天完成。

毫无疑问，《我的一生》是安徒生又一部相当重要的作品。整部作品共分为十五章，记录了安徒生50年坎坷曲折的人生经历，为读者准确地了解安徒生、研究安徒生提供了第一手权威的资料。同时，这部作品也生动详实地记录了安徒生在欧洲各国游历的经过，尤其是他结识了一大批世界著名的文学巨匠和艺术大师的情况，为人们研究欧洲文学提供了丰富的素材。

更加可贵的是，在这部自传当中，安徒生并不是简单地回忆自己的传奇性经历，而是十分自觉地将他的自传作为他创作的全部作品的注解。因此，在这部自传当中，安徒生也充分地谈到了他的创作历程及心路历程。

在《我的一生》的开篇第一段，安徒生写了这样一段话：

我的一生既幸运又坎坷，它本身就是一个美好、曲折的故事。当我作为一个贫穷的、孤苦无助的孩子走向世界的时候，纵然有一个好心肠的仙女遇见我这么说："现在选择你自己的生活道路和奋斗目标吧，我愿根据你的智力的发展，在必要时引导和保护你去达到目的。"我的命中也注定我不会受到更恰当、更稳妥或者说更好的指导。我一生的历史将向全世界表明——有一个亲爱的上帝，是在指引着万物去攫取美好的一切。

从上面这段话当中，我们也可以看出安徒生的人生态度和信念追求的一个基本视角——对上帝的信仰。而这种对上帝的信仰与崇拜，在安徒生的孩童时期就已经根深蒂固了。

当童年时期的安徒生与母亲一起因为在别人家的田里捡拾麦穗而遭到追打时，面对即将落在头上的鞭子，他大声说："你敢当着上帝的面打我吗？"

14岁时，当安徒生离开家乡，前往哥本哈根寻找梦想时，他也相信自己一定是受到了上帝的眷顾。

……

这样一种坚定的信仰，给予了安徒生拼搏下去的信心，让他一生都坚信：人生到处都会有爱、美好和善良。于是，每每在人生的紧要关头，他都会祈求上帝给予他勇气和希望，并深信自己是特别蒙受上帝垂爱的孩子，也深信在任何痛苦与艰难的背后，都会有美好的结局。

这种信念，也让这个敏感、内向，甚至有些脆弱的诗人，对人生与世界的未来时刻都充满了信心和期盼。因此，安徒生最后用下面这段话结束了他的传记：

> 我的一生到目前为止的经历，如今就像一幅浓艳、美丽的油画展现在我面前，激励着我的信仰，甚至使我坚信好事从不幸中诞生，幸福从痛苦中产生。这是一首我所写不出来的思想无比深邃的诗。我感到我是一个走运的孩子，在我一生中那么多最高尚、最好的人都曾深情、诚恳地对待我。我对人们的信任很少受到欺骗！那些心酸、悲惨的日子本身也带着幸福的萌芽！我以为自己受到的不公正待遇，那些不断伸进我生活中的手，也仍然给我带来过若干的好处。
>
> 当我们向上帝前进时，辛酸与痛苦在消失，留下的是一片美景，

人们把它看做是阴暗天空中的彩虹。愿人们恰如其分地评价我，像我从心中评价他们一样！生命的自白对一切高尚、善良的人来说，都有一种神圣的忏悔的力量，因此，我在这里没有顾虑，坦率地、大胆地随便说：好像坐在亲爱的朋友们中间一样，我叙述了我大半生的经历。

的确，安徒生的一生都是坎坷的，所走过的道路也是曲折的。这种经历充分反映在《我的一生》这部长达30万字的自传当中。

可以说，安徒生的自传有后人不能杜撰的思想含在其中。他的一生就是一部感人至深的童话故事。这篇自传的字里行间，还隐约流露出一种单相思的苦涩，以及对极其微小的刺激所表现出来的神经质的敏感。不过，这些并不影响安徒生在人民心中的地位。

（二）

安徒生的作品不仅在欧洲产生了巨大的影响，在美国也拥有大量的读者。他时常都会接到美国读者的来信，邀请他到美国去访问。

以前，安徒生去过的国家都离丹麦不太远，但要去美国，却要横渡大西洋。安徒生有晕船的毛病，所以尽管他十分想到美国去，最终也只能望洋兴叹了。

1860年，安徒生再次去了德国和罗马。次年，他出版了新《故事集》的第五集和第六集。其中，第五集中包括《老头子做事总不会错》、《新世纪的女神》等五篇童话故事；第六集中则包括了《冰姑娘》、《蝴蝶》、《蜗牛和玫瑰树》等四篇童话故事。

1861年，安徒生又到日内瓦、里昂、罗马等地旅行。次年，他发表了童话《古教堂的钟》，并又一次前往西班牙旅行。

1863年，安徒生又由西班牙到巴黎旅行，之后创作了游记《在西班牙》。

1864年对于丹麦人民来说，是灾难深重的一年。这一年，丹麦政府对什列斯维希和霍尔斯坦两个公国采取的沙文主义政策被普鲁士首相俾斯麦所利用。于是，普鲁士军队进攻丹麦，并占领了两个公国，随后将两个公国变成了普鲁士的两个省。

这让安徒生的心情非常沉重，他的脑海中不断浮现出战争中的种种惨相，以至于好长时间都无心写作。

战争的阴云终于过去了，但安徒生却感到一种莫名的疲劳。死神已经带走了他很多亲爱的朋友，他自己也常常感到老之将至，感到死神总在窥视着他。莫非，一切都要过去了？

不，安徒生要用自己创造性的劳动与衰老和死神斗争。很快，他又开始创作童话故事。1865年，安徒生出版了新《故事集》的第七集，其中包括《风车》、《育婴室》等七篇。

到1866年的圣诞节，安徒生又出版了新《故事集》的第八集，也是最后的一集，其中有《看门人的儿子》、《姑妈》、《癞蛤蟆》等六篇。

1867年1月的一个晚上，安徒生应邀到哥本哈根大学做客。这里的大学生联合会组织了一个盛大的晚会。在晚会上，安徒生为大学生们热情地朗诵了他的几篇童话故事。朗诵完毕后，大学生们对安徒生的朗诵报以长时间热烈的掌声，他们为安徒生童话的精雕细刻、幽默风趣和戏剧性而感到敬佩不已。

这年4月，安徒生前往法国巴黎，在那里举办他的生平著作展览。为了这次展览，巴黎市民还专门为他建造了一座带有花园、运河和喷泉的展览馆。

在展览馆开放的日子里，每天前来参观的群众络绎不绝。在这里，安徒生还再一次会见了希腊国王乔治。这位过去曾听过安徒生为他朗诵童话的国王，还特意兴致勃勃地参观了这次展览。

展览结束后，安徒生回到哥本哈根，完成了童话《树精》的写作。这一年，他还发表了童话《两个海岛》。

在巴黎期间，安徒生就听说他所出生的城市欧登塞正在酝酿一件与他有关的大事。回到哥本哈根后的11月24日的傍晚，年逾六旬的安徒生接到了一份十分庄重的请柬，这是欧登塞市政管理委员会特意派专人给他送来的。

请柬上面写道：

　　我们在此荣幸地通知阁下，我们选举阁下为阁下出生的城市——欧登塞的荣誉市民。请允许我们邀请阁下于12月6日，星期五，在欧登塞和我们聚会。届时，我们希望把荣誉市民证书亲手交予阁下。

欧登塞市市政管理委员会

这份请柬的到来，让安徒生十分高兴。第二天，安徒生就写信回复说：

　　昨天傍晚，我接到了尊敬的市政管理委员会的通知，请速转达我的深切感谢。我出生的城市通过你们，尊敬的先生们，给我的这种承认、这种荣誉，是我从来都不敢梦想的。

　　我，一个穷苦的孩子，离开我出生的城市已经48年了。现在，我就像一个丢失的孩子回到父亲的家园，心中充满了幸福。我的这种感受，你们都能理解。那是一点也不夸张的，我要感谢上帝给我安排那么多的磨炼和那么多的幸福。请接受我的衷心感谢。

我愉快地期望着在约定的一天——12月6日，会见我所热爱的出生城市的高尚的朋友们。

感谢和尊敬你们的

H·C·安徒生

在获得所有的荣誉当中，安徒生最重视、最在乎的，就是他的故乡欧登塞市授予他的"荣誉市民"的称号。安徒生认为，这是"这个世界能提供的最稀有的对我的景仰"，是他一生中最光荣的时刻。这个"荣誉市民"的荣誉，也超过了他在此前30年中所获得的任何荣誉。

即将授予安徒生"荣誉市民"的消息很快就传遍了整个欧登塞市。这不仅是安徒生一生中最大的事件，也是欧登塞市的一件空前的大事。以前，一位王子曾荣获过这个称号，但那是王子，而且此后再没有王子获得过这样的殊荣。而现在，是要授予一个过去的穷苦孩子、一个皮鞋匠和洗衣妇的儿子这种殊荣，这恐怕在整个丹麦都是史无前例的。

不过，人们是认可安徒生的这个荣誉称号的，因为他的作品，尤其是他的童话，在欧登塞、在整个丹麦都是家喻户晓的，每个人都喜欢读。而且在国外，他也有着巨大的影响力。他为丹麦争得了多大的荣誉啊！作为他出生地的欧登塞人民，为此也感到无比的自豪与骄傲！授予安徒生以欧登塞"荣誉市民"称号，简直就是合乎情理、顺乎民心的事！

因此，市民们都奔走相告，为这件事欢呼雀跃。

（三）

1867年12月4日中午，安徒生从哥本哈根乘坐火车出发，回到他的故乡欧登塞市。

当火车徐徐驶入欧登塞车站时，负责迎接安徒生的主教恩格尔斯托弗早已在月台上等候了。安徒生走下车厢，看到有那么多朋友前来迎接，心情非常激动。

在回宾馆的路上，主教热情地告诉他，在庆祝的那一天，儿童们将要组成歌舞队进行精彩的表演，还有火炬游行，那将是一幅空前壮观的景象。

安徒生来到宾馆时，宾馆已经为迎接他而做了精心的布置，从而给安徒生一种宾至如归的亲切感觉。有两间漂亮的房子是专供他使用的，窗外是几棵不太高的青松，亭亭玉立，给人一种宁静、平和的感觉。室内光线柔和，整洁舒适。虽然已近冬天，但室内却给安徒生一种温暖如春的感觉。

12月6日清晨，安徒生起床后，推开窗子，就看到家家户户的门前都挂上了国旗和彩旗。在微风的吹拂下，这些旗帜仿佛在向他频频招手致意。

7点整，一辆装饰华丽的四轮马车来到宾馆，迎接安徒生前往市议会大厦。

刚一上车，一阵欢呼声就传入安徒生的耳际。原来是几百名少年儿童在缓缓行驶的马车两边，边跟着马车前行，边挥动着小彩旗欢呼：

"好哇，安徒生！好哇，安徒生！"

"安徒生，我们民族的诗人！"

……

安徒生向前看去，议会大厦的广场上已经站满了人。人们都挥动着手中的国旗和彩旗向他致意，欢呼声此起彼伏。

啊，安徒生一生中最伟大的日子到来了。

安徒生极力抑制自己的激动情绪，想让心情平静一点，可他怎么也做不到。这样盛大热烈的场面，是他做梦都没有想过的。

前面不远的地方，就是安徒生的父亲埋葬的地方——教堂的贫民墓地；再往前很远的地方，有他儿时住过的房子。如果父亲、母亲和祖母能够活到今天，看到这种场面，他们该多么高兴呀！

安徒生的心情激动极了。当马车停下后，人们都纷纷涌向安徒生，高声呼喊着：

"安徒生，我们的民族诗人……"

不知是谁带头唱起了丹麦的第二国歌——安徒生所创作的《丹麦·我的祖国》：

"我出生在丹麦，这儿是我的家乡……"

歌声此起彼伏，响彻广场。安徒生被这真诚的场面感动得热泪盈眶。

在工作人员的带领下，安徒生走上议会大厦的主席台中央坐下，台下瞬间掌声雷动。

市长莫里尔首先发表了高度赞扬安徒生的讲话。之后，他代表全市各阶层人民向安徒生颁发了"欧登塞市荣誉市民"的证书。

安徒生两手捧着这崇高而神圣的荣誉证书，向广场上的人们深深地鞠躬致谢。广场上再次响起雷鸣般的掌声和欢呼声：

安徒生满面热泪，非常激动地向群众大声讲道：

"非常感谢欧登塞的父老乡亲们！我是欧登塞人民永远的儿子！

"我出生的这个城市给予我如此巨大的荣誉，让我振奋，又叫我不知所措。我不由得想起了神话中的阿拉丁，他在借助神灯的力量建立了他宏伟的城堡之后，走到窗前，指着外面说：'我是一个穷孩子的时候，我在那里溜达过啊！'

"上帝眷顾我，赐予了我一盏智力的神灯——文学的才能。当它在远处闪耀时，当外国人民也看得见它的光辉时，当他们说'那光亮是从丹麦发出来的'时，我的心是在多么愉快地跳动啊！我知道，我现在回到家乡来了，我有着许多同情我的朋友，但毫无疑问，我最大的朋友是在有着我睡过的摇篮的这个城市里。这个城市今天给予我如此巨大的荣誉和同情，授予我异乎寻常的荣誉称号，我感到无比的激动。我谨此向大家表示我内心的无限感激。"

安徒生的简短而充满深情的讲话，再度激起了长时间的鼓掌和欢呼声。在主席台上就座的市长和其他著名人士都纷纷站起来，与安徒生热情地握手。

晚上，安徒生又出席了在议会大厅中举办的庆祝宴会。安徒生坐在首席，在桌子的上方立着他的半身塑像。塑像镶嵌在一个底座上，底座上有三个圆饰，上面刻着三个重要的日期：

1805年4月2日（他的生日）；

1819年9月4日（他离开欧登塞前往哥本哈根的日子）；

1867年12月6日（他出生的城市授予他"荣誉市民"称号的日子）。

在宴会上，安徒生致词说，这是他第三次来到议会大厅，第一次是来看蜡像展览，第二次是一位好心的音乐家带他来这观看国王的生日庆典，第三次就是出席今天这个幸福的宴会。安徒生说，对他来说这就是一个非常美好而又非常真实的童话故事。

"但是生活本身，"在结束致词时他说，"是第一位的、最美丽的童话故事。"

安徒生在故乡欧登塞一直停留到12月11日。在离开欧登塞的那一天，车站挤满了前来送行的人们。

"请以后一定要回来啊！"

"不要忘记你的故乡欧登塞！"

……

人们热情地高声喊道。

"谢谢大家！请代我谢谢全市的乡亲们！"安徒生边说边不停地擦眼泪。

开车的汽笛声响了，火车缓缓地离开了车站。安徒生把身子探出车窗，向欢送的人群挥手告别，再次大声说："谢谢，谢谢乡亲们！"

安徒生离别了故乡欧登塞，离开了欧登塞的乡亲们，但他的那颗心却时刻都与他们在一起。

第十七章　永垂不朽

我的一生就是一篇美丽的童话，丰富而充满幸福。

——安徒生

（一）

逐渐步入晚年的安徒生，由于身体和精力等方面的原因，难以再创作鸿篇巨制了，因此安徒生将自己的主要精力集中用在创作童话故事这种短小的作品当中。

1868年，安徒生发表了《小小的绿东西》、《树精》、《谁是最幸福的》等六篇童话故事。其中，《树精》是一篇别具一格的作品，介绍了有关巴黎博览会的情况。

在写这篇童话时，安徒生已经63岁了，但他对新事物、新科技充满了好奇，因而也像年轻人一样，怀着激动的心情两次去巴黎博览会参观，最终写出了这篇构思巧妙、风格独特的科技童话，描绘了巴黎博览会上的盛况。在故事的字里行间，安徒生都在告诉人们，这是一个科技不断进步的时代。

这年8月，安徒生还写了《童话的来源与系统》一文，对自己的童话创作进行了理论性的探讨与总结。在这篇文章中，人们明白了这样一个事实：安徒生所创作的所有童话都来源于他的生活，生活是他童话创作的唯一源泉。安徒生的伟大以及他的童话的成功，奥秘很多，但最关键的因素就是他的生活。这也是安徒生献给我们的又一份珍贵的文化财产。

1869年，安徒生又发表了《创造》、《阳光的故事》、《彗星》等六篇童话和一部喜剧作品《西班牙人在此的时候》。

有人对安徒生说，他这时所写的童话已经不如以前那样有趣、有意义了。安徒生听了，有些难过，但他自己也不得不承认这个事实。

随着年纪的增大，他的健康状况一天不如一天，再加上日渐孤僻的"老人性格"，让他从肉体到精神都受到了伤害，那些可贵的想象力也逐渐从他的思想链条中脱落了。因此，安徒生晚年创作的不少作品都缺乏概括性，再也难以像以前的故事那样引人入胜，甚至有些就是早期故事的翻版，离幻想的童话已经越来越远了。

但是，安徒生并未放弃。只要还活着，童话就会来叩他的门。而且他的童话也没有被读者抛弃，很多读者仍然钟爱他的童话。

1869年，尽管健康状况大不如前，但安徒生还是去法国旅行了一次，并在法国的港口城市尼斯市过圣诞节。

当圣诞树上的灯全部被点亮时，一位与安徒生一起过圣诞节的绅士说：

"我们从世界各地相会在这里。在我们中间，有这样一个人，他让我们度过了许多幸福的时光。现在，让我们以我们自己的名义以及孩子们的名义向他表示感谢吧！"

这时，在大家愉快的掌声和欢呼声中，一个可爱的小女孩将一个巨大的月桂花环套在安徒生的脖子上。

1870年3月，安徒生从法国回到丹麦。回国后，他就写了最后一部长篇童话《幸运的贝尔》。

这部作品共十八章，近十万字，事实上也是安徒生的一部童话式的自传。

在这篇作品中，主人公贝尔是个出身穷苦的孩子，出生时嘴里衔着一个银匙子。他有着杰出的音乐舞蹈才华，长大后担任主角，演出了他自己创作的歌剧《阿拉丁》并大获成功。然而就在接受观众热烈的鼓掌和欢呼时，他的心脏病突然发作，死在舞台之上了。

安徒生在这篇作品中想要表达的思想是贝尔的生命虽然短暂，但比那些在庸庸碌碌中虚度年华的生命更有意义、有价值。

在创作这篇童话时，安徒生已经66岁了。同一年，他还创作了《幸运可能就在一根棒上》和《曾祖父》两篇童话。

（二）

1871年至1877年，安徒生又到挪威、意大利、瑞典等国家旅行，这也是他人生中的最后一次旅行。

像以往一样，每次旅行回来，安徒生都要出版一部新的童话，这次也不例外。只是，这次出版的，也是安徒生的最后一部童话，其中包括《舞吧，舞吧，我的玩偶》、《园丁和主人》、《烛火》等童话。

一直以来，安徒生都没有自己的房子。这位不知疲倦的童话作家，多年以来不是住在旅馆中，就是住在朋友家里。1865年，安徒生在给一位名叫马丁的朋友写信说：

"像你那样，有自己的房子，那是一件多幸福、多美好的事呀！"

然而，他自己却"像一只孤独的候鸟一般，总是在别人的屋檐下寻找安身的地方。"

到了晚年，安徒生突然心血来潮，想为自己建造一幢房子了。于是，他仔细地作了一番设计：房子要大一些，要有玻璃的屋顶，还要建造一间工作室，工作室中要摆上丹麦著名作家的半身塑像。另外，房子内还要有一个像样的写作台。室内应铺上优质的东方地毯，再布置一些漂亮的装饰品……安徒生非常希望自己的房子独特一点，不与别人的房子有雷同的地方。

然后，安徒生算了算自己银行里的存款，发现建造这样一幢房子足够了。这些年来，他的稿费收入已经相当可观了。不过，这个为自己建造房子的构想只存在他的脑海当中，他并没有将它变成现实。因为他的身体已经越来越不好了，除了牙痛的老毛病外，他还经常咳嗽，两腿浮肿，有时多走一会儿路，就会感到力不从心。

安徒生患病的消息在哥本哈根不胫而走，也牵动着成千上万人的心。1875年，在安徒生70岁的这一年，一个委员会打算发起为他筹备70岁寿辰而募捐的活动。但安徒生在接到这封征求他意见的信时，谢绝了这份好意。他在回信中说：

> 我的亲爱的朋友们，非常感谢你们对我的关心。但请你们不要以为我是个贫穷的、无人照顾的老年人，在为自己每天的面包而担心，连自己病弱的身体都照顾不了了。没有那么严重，上帝对我很好，我的周围都是爱我的朋友，所以，我不能接受个人捐助的任何钱物。

这一天，安徒生同时还接到了另一份通知，说为他建造纪念碑的募捐事宜已经结束，并送来一份由雕塑家拟定的草图。

草图上标明，在安徒生的雕像四周簇拥着一大群孩子。但是，安徒生否定了这个草图。他激动地说：

"我的童话与其说是为孩子写的，不如说是为成年人写的！……每当我朗读我的童话时，孩子们都趴在我的肩膀上，我简直无法忍受。为什么要把本来没有的东西画出来呢？"

最后，雕塑家还是按照他的意愿重新设计了一张草图：安徒生坐着，右手拿着一本书，头微微昂起，凝望着左前方的天空，若有所思。

4月2日是安徒生的70岁寿辰。在前一天，国王专门派来华丽的马车，把安徒生接到王宫，并热情地招待他，还再次授予他一枚勋章。

生日这天，国王为安徒生举行了盛大的宴会。宴会结束后，他又被请到皇家剧院，观看了他的两出剧的专场演出。

这一天，安徒生收到了很多礼品。看着堆得像小山一般的寿礼，安徒生禁不住热泪盈眶。这天晚上，他用颤抖的手写道：

"1875年4月2日，今天是多么美好的日子！可惜我的身体已经接受不了上帝的恩赐。尽管我躺在床上，可是，我被各种念头和感谢的心思困扰得无法入睡。"

在生日庆典结束后，安徒生的病情突然恶化。由于身体衰弱，加上天气闷热，安徒生不得不离开哥本哈根，到他的一位朋友的别墅中去休养。

（三）

生日庆典之后，安徒生就很少露面了，除了身体上的原因外，可能还有一些其他的原因，但这是属于安徒生一个人的秘密，因为他没有结婚，一生都没有结婚，没有妻子和孩子。不过，几乎所有读过他的童话的人，都会把他当做自己的亲人。

离开哥本哈根后，安徒生的病情似乎又有了一点好转，然而这一切都只是暂时的。很快，安徒生就卧床不起了。6月19日以前，他还能每天坚持写写日记，尽管身体已经很衰弱了。在这以后，他连亲手写日记的力气都没有了。到了7月末，他甚至连口授的力气都没有了。安徒生明白，自己的人生即将走到尽头了。

8月3日的傍晚，安徒生发起高烧来。他辗转呻吟，折腾了好久，眼前也开始出现幻景，一些断断续续的画面在他面前不断地掠过……

到后来，他的脸上有了笑意，表情也越来越安详，似乎心情轻松了许多，随后便慢慢地睡着了。

1875年8月4日这天，是一个晴朗的好天气。太阳升起来后，阳光便穿过窗户、门缝，钻到屋里来，照在熟睡的安徒生的脸上和身上，大半个上午都这样陪伴着安徒生。

在将近中午的时候，阳光转头了，屋内的光线逐渐暗了下来。11时，细心的女主人过来看望安徒生，发现安徒生的呼吸已经非常微弱了。她马上叫来医生。

医生认真地为安徒生检查一番后，示意周围人安静下来。然后，大家都静静地肃立在安徒生的床前，默默地送别这位伟大的文学家……

安徒生的呼吸完全停止了。这时，时钟的指针指向11时5分。

安徒生病逝的消息传来后，举国悲哀，世界都为之恸哭。在送葬那天，丹麦全体国民致哀，国王、王后、太子以及王公大臣们，都亲自到安徒生的灵前吊唁。

在入殓前，人们在为安徒生换衣服时，发现他的胸前珍藏着一个小口袋，里面装着一封信。虽然年深日久，信纸已经发黄，信上的字迹也已经变得有些模糊不清，但人们仍然能看懂，这是安徒生青年时期的恋人莉波尔在与她的未婚夫结婚前写给安徒生的信。

几十年了，安徒生一直都将这封信珍藏在胸前，然后带着这份初恋的甜蜜与痛苦，孤单地漂泊一生。

安徒生在临终前，曾对一位年轻的作家说：

"我为自己的童话付出了巨大的代价，甚至可以说是无可估量的代价。——为了童话，我拒绝了自己的幸福，并且错过了这样的一段时间，那时，不管想象力是如何有力，如何光辉，它还是应该让位于现实的。"

安徒生也许为自己没能抓住现实和幸福而遗憾，但是，他却抓住了幻想的翅膀，为全世界的孩子与大人们带来了快乐。他和他所创作的童话也已经成为人类文学宝库中最为珍贵的遗产，受到全世界人民的喜爱与尊重。

安徒生与安徒生童话是永垂不朽的！

→ 　　安徒生是一位伟大的旅行者，他最远的一次旅程是在1840年至1841年，穿越了德国、意大利、马耳他、希腊等国家，最后到达了君士坦丁堡，后又途径黑海和多瑙河返回。他的重要著作《一个诗人的市场》（1842年）就是根据这段旅行经历创作出来的。

安徒生生平创作年表

1805年 汉斯·克里斯蒂安·安徒生出生于丹麦欧登塞城一个鞋匠家庭。

1811年 7岁，天空出现彗星，后来安徒生以这件事写了童话《彗星》。

1814年 10岁，父亲汉斯·安徒生去世。

1816年 12岁，在一所慈善学校读书，母亲改嫁。

1819年 15岁，前往哥本哈根寻找自己的理想，开始了个人奋斗的生涯。

1822年 18岁，创作悲剧《维森堡大盗》和《阿芙索尔》，申请到皇家公费，进入教会学校读书。

1826年 22岁，随教会学校校长梅斯林一起迁往赫尔辛格。

1827年 23岁，回到哥本哈根，发表诗作《傍晚》和《垂死的孩子》。

1828年 24岁，通过考试，被哥本哈根大学录取。

1829年 25岁，发表浪漫主义作品《阿玛格岛漫游记》。

1830年 26岁，出版诗集，其中附有一篇童话《鬼》，后来改写为《旅伴》。

1831年 27岁，到德国旅行，并出版了旅行随笔式诗集《幻想与速写》和《旅行剪影》。

1832年 28岁，发表童话《跳蚤和教授》、《老约翰尼的故事》、《开门的钥匙》、《跛子》等。

1833年 29岁，到法国旅行，并与海涅相识。母亲因病去世。

1835年 31岁，出版第一部长篇小说《即兴诗人》，并出版了两部童话集。

1836年 32岁，出版长篇小说《OT》。

1837年 33岁，出版第三部长篇小说《只不过是个小提琴手》，出版第三部童话集，并将所出的三部童话汇集成总集。

1838年 34岁，到瑞典旅行。出版新一集童话的第一部。

1839年 35岁，出版新一集童话的第二部。

1840年 36岁，剧本《黑白混血儿》首演获得巨大成功。发表童话《没有画的画册》和《恶毒树》。

1841年 37岁，出版童话集《一位诗人的市场》，包括《钱猪》、《永恒的友谊》、《荷马墓上的一朵玫瑰》等三篇童话。

1842年 38岁，出版新一集童话的第三部。

1843年 39岁，与珍妮·林德相识。结识大作家大仲马、雨果、巴尔扎克等人。

1845年 41岁，出版《新童话集》。

1846年 42岁，出版自传《我的一生的童话》，以后曾加以修订再版。出版《新童话集》的第二集、第三集。

1847年 43岁，到英国旅行，与狄更斯相识。出版童话第二总集的第一部。

1848年 44岁，出版第二总集童话第二部。在英国与丹麦同时出版长篇小说《两位男爵夫人》。

1849年 45岁，创作童话《亚麻》，发表童话剧《比珍珠和黄金更珍贵》。

1850年 46岁，创作童话剧《梦神》。

1851年 47岁，出版《在瑞典》。

1852年 48岁，开始以《故事集》新书名发表童话和故事。

1853年 49岁，出版第二部《故事集》，并补充增订自传《我的一生的童话》。

1855年 51岁，出版有彼得森插图的故事集。

1856年 52岁，出版增订的由彼得森插图的故事集，并增加了《光荣的荆棘路》、《犹太女子》等童话。

1857年 53岁，出版长篇小说《活下去还是不活》。圣诞节出版《新故事》第一集。

1858年 54岁，出版《新故事》第二集。

1859年 55岁，出版《新故事》第三集。

1861年 57岁，出版《新故事》第五集。

1862年 58岁，发表童话《古教堂的钟》。

1864年 60岁，丹麦与德国发生战争，丹麦战败，有一年多未出版童话集。

1865年 61岁，出版《新故事》第七集。

1866年 62岁，出版《新故事》第八集。

1867年 63岁，故乡欧登塞举行盛大集会，授予安徒生"荣誉市民"称号。

1868年 64岁，发表童话故事《小小的绿东西》、《小鬼和太太》、《树精》等，并写成《童话的来源与系统》一文。

1869年 65岁，发表《烂布片》、《创造》、《彗星》、《阳光的故事》等童话。

1870年 66岁，发表《幸运可能就在一根棒上》、《曾祖父》、《幸运的贝尔》等童话。

1871—1873年 67~69岁，最后一批童话集出版。

1875年 71岁，4月2日，丹麦国王为其举行70岁寿辰庆祝会。

8月4日，因病逝世，享年71周岁。